高中物理学习的知识建构与结论

陶守佳　唐华昌 ◎ 主编 →

中国致公出版社

图书在版编目（CIP）数据

高中物理学习的知识建构与结论 / 陶守佳, 唐华昌
主编. —— 北京：中国致公出版社, 2019
ISBN 978-7-5145-1232-8

Ⅰ.①高… Ⅱ.①陶… ②唐… Ⅲ.①中学物理课—
高中—教学参考资料 Ⅳ.①G634.73

中国版本图书馆CIP数据核字(2019)第299913号

高中物理学习的知识建构与结论 / 陶守佳　唐华昌　主编

出　　版	中国致公出版社	
	（北京市朝阳区八里庄西里 100 号住邦 2000 大厦 1 号楼西区 21 层）	
出　　品	北京言之凿文化发展有限公司	
	（北京市昌平区超前路 35 号）	
发　　行	中国致公出版社（010-66121708）	
作品企划	三名书系	
责任编辑	周寅庆	
封面设计	姜　龙	
内文设计	李　娜	
印　　刷	北京政采印刷服务有限公司	
版　　次	2022年6月第1版	
印　　次	2022年6月第1次印刷	
开　　本	787mm×1092mm　1/16	
印　　张	16.75	
字　　数	302千字	
书　　号	ISBN 978-7-5145-1232-8	
定　　价	45.00元	

编 委 会

目录

第1篇

高中物理知识要点

第2篇

高中物理重要习题结论

第 3 篇

电学实验部分重要规律

第1篇

高中物理知识要点

1.1 运动的描述

1.1.1 几个基本概念

1. 机械运动

物体相对于其他物体位置的改变，叫作机械运动，简称运动。

2. 参考系

在描述一个物体运动时，选来作为标准的物体叫参考系，其选取可以是任意的，但选取不同的参考系，描述的物体的运动情况可能是不同的，参考系的选取应以使问题的研究更简单为原则，一般情况都选地面或相对地面静止的物体作参考系。

3. 质点

（1）定义：用来代替物体的有质量的点叫质点，它是一个理想化的物理模型。

（2）物体看作质点的条件：物体本身的大小或形状对研究的问题没有影响，或者其影响可以忽略，物体就可看作质点。

4. 时间和时刻

（1）时刻：时刻指的是某一瞬时，在时间轴上用一个确定的点表示。

（2）时间：时间是两个时刻间的一段间隔，在时间轴上用一段线段表示。

（3）国际单位：秒（符号 s），其他常见单位还有分钟（符号 min）、小时（符号 h）、天（符号 d）等。

（4）时间与时刻的表示方法如图 1.1 - 1 所示：

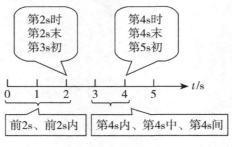

图 1.1 - 1

5. 位移与路程

表 1.1 - 1

	意义	矢量性	相关因素	联系
位移	表示质点的位置变化	矢量，有大小，有方向	用初位置指向末位置的有向线段表示，只与初、末位置有关，与路径无关	同一运动中，一般情况下路程都大于位移大小，只有在单向直线运动中路程才等于位移大小
路程	表示运动轨迹的长度	标量，只有大小，没有方向	与所通过的路径有关	

★ 位移在坐标系中的表示方法

图 1.1 - 2

物体沿直线从 A 运动到 B，在直线坐标系中对应的位置坐标如图 1.1 - 2 所示，则物体位置坐标的变化量即为物体在这段时间内发生的位移，即物体的位移在坐标系中可表示为末位置与初位置的坐标之差，即

$$\Delta x = x_2 - x_1$$

6. 速度与加速度

表 1.1 - 2

	速度	加速度
意义	描述物体位置变化（即运动）快慢的物理量	描述物体速度变化快慢的物理量
定义	物体通过的位移与所用时间的比值	物体的速度变化量与所用时间的比值
公式	$v = \dfrac{x}{t}$	$a = \dfrac{\Delta v}{\Delta t} = \dfrac{v_t - v_0}{t - t_0}$
决定因素	物体运动的速度 v 与物体发生的位移 x 和运动时间 t 无必然联系	物体运动的加速度 a 与物体的速度变化量 Δv 和运动时间 Δt 无必然联系
方向	矢量，方向与物体的运动方向相同	矢量，方向与速度变化方向相同
单位	m/s（米每秒）	m/s^2（米每二次方秒）
斜率	在 x—t 图中图像的斜率表示物体的速度	在 v—t 图中图像的斜率表示物体的加速度
注意	在直线运动中，物体是加速还是减速，只取决于两者的方向关系，如果加速度 a 方向与速度 v 方向相同，则物体做加速运动。若相反，则物体做减速运动，加速度的大小表示速度变化的快慢。	

7. 速度和速率

表 1.1 - 3

	定义式	定义	意义	矢量性	注意
速度	$v = \dfrac{\Delta x}{\Delta t}$	物体发生的位移 Δx 与所用时间 Δt 的比值	表示物体位置变化（即运动）的快慢	矢量，方向与物体的运动方向相同	
平均速度	$\bar{v} = \dfrac{\Delta x}{\Delta t}$	变速运动中物体发生的位移 Δx 与所用时间 Δt 的比值，对应于某一段时间（或位移）	表示物体在这段时间（或位移）内位置变化的平均快慢程度	矢量，平均速度的方向与物体在这一段时间内的位移方向相同	平均速度不是瞬时速度的算术平均值。公式 $\bar{v} = \dfrac{v_0 + v_t}{2}$ 只适用于匀变速直线运动
平均速率	$\bar{v}_{\text{率}} = \dfrac{s}{t}$	质点通过的路程 s 与所用时间 t 的比值叫平均速率	描述的是物体运动的平均快慢	标量	平均速率一般都大于平均速度的大小，只有在单向直线运动中平均速率才等于平均速度大小
瞬时速度	$\bar{v} = \dfrac{\Delta x}{\Delta t}$ $\Delta t \to 0$	物体在某时刻（或某位置）的速度叫瞬时速度，对应于一个瞬间（或一个位置）	瞬时速度可精确地描述出物体的运动快慢和方向，通常所说的物体运动速度就是指瞬时速度	矢量，瞬时速度的方向就是物体在该位置（或该时刻）的运动方向	当 $\Delta t \to 0$ 时，由平均速度公式 $\bar{v} = \dfrac{\Delta x}{\Delta t}$ 计算得到的就是该时刻的瞬时速度
瞬时速率		瞬时速度的大小叫瞬时速率，简称速率	可精确地描述出物体的运动快慢，但不能描述运动方向	标量	
速度变化量	$\Delta v = v_t - v_0$	末速度与初速度的差值	描述速度变化的大小和方向	矢量，方向与加速度的方向相同	遵从平行四边形定则，计算时注意初、末速度的方向

1.1.2　匀速直线运动

1. 定义
物体在相同的时间内，发生的位移相同的直线运动叫匀速直线运动。

2. 特点
速度 v（大小和方向）恒定不变。

3. 规律
位移与时间成正比，即 $x = vt$。

1.1.3　匀变速直线运动

1. 定义
物体做直线运动，在相等时间内，速度变化相同的运动即速度随时间均匀变化的运动叫匀变速直线运动。

2. 特点
匀变速直线运动是加速度 a 的大小和方向都恒定不变的运动。

3. 规律
匀变速直线运动的规律，即 v_0、v_t、a、x、t 五个物理量的关系，如表 1.1−4所示：

表 1.1−4

名称	公式	优先选用的条件
速度公式	$v_t = v_0 + at$	不含位移 x
位移公式	$x = v_0 t + \dfrac{1}{2}at^2$	不含末速度 v_t
速度和位移关系	$v_t^2 - v_0^2 = 2ax$	不含时间 t
平均速度	$\bar{v} = \dfrac{v_0 + v_t}{2}$	只适用于匀变速运动
位移和平均速度关系	$x = \bar{v}t = \dfrac{v_0 + v_t}{2}t$	不含加速度

4. 匀变速直线运动的特殊规律
（1）初速度为零的匀加速直线运动的速度与运动时间成正比，即

$$v_1 : v_2 : v_3 = t_1 : t_2 : t_3$$

（2）初速度为零的匀加速直线运动的位移与运动时间的平方成正比，即

$$x_1 : x_2 : x_3 : \cdots = t_1^2 : t_2^2 : t_3^2 : \cdots$$

（3）如图 1.1−3 所示，初速度为零的匀加速直线运动的物体在连续相等的时间间隔 T 内的位移之比为奇数比：$x_1 : x_2 : x_3 : \cdots : x_n = 1 : 3 : 5 : \cdots : (2n - 1)$。

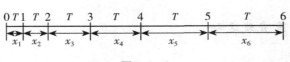

图 1.1 - 3

（4）如图 1.1 - 4 所示，匀变速直线运动的物体在连续相邻相等时间间隔内的位移之差为常数，即

$$\Delta x = x_2 - x_1 = x_3 - x_2 = x_4 - x_3 = aT^2，且 x_m - x_n = (m - n)aT^2$$

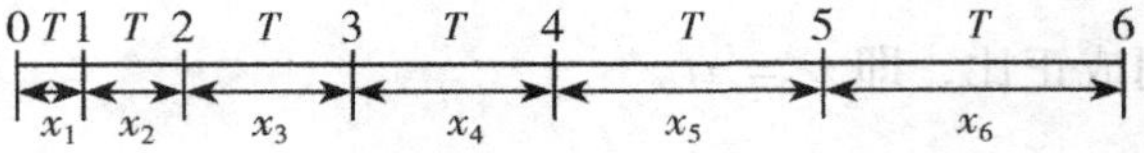

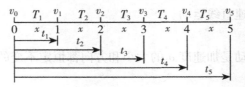

图 1.1 - 4

（5）如图 1.1 - 5 所示，初速度为零的匀加速直线运动的物体经历连续相同的位移 x，则

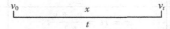

图 1.1 - 5

① 到达各段位移末端的速度比为：$v_1 : v_2 : v_3 : \cdots = 1 : \sqrt{2} : \sqrt{3} : \cdots$

② 到达各段位移末端的时间比为：$t_1 : t_2 : t_3 : \cdots = 1 : \sqrt{2} : \sqrt{3} : \cdots$

③ 经过各段连续相同位移所需时间之比为：

$$T_1 : T_2 : T_3 : \cdots : T_n = 1 : (\sqrt{2} - 1) : (\sqrt{3} - \sqrt{2}) : \cdots : (\sqrt{n} - \sqrt{n - 1})$$

（6）如图 1.1 - 6 所示，做匀变速直线运动的物体，在某段时间的中点时刻的瞬时速度等于这段时间内的平均速度，即 $v_{\frac{t}{2}} = \bar{v} = \dfrac{v_0 + v_t}{2} = \dfrac{x}{t}$。

图 1.1 - 6

（7）如图 1.1 - 6 所示，做匀变速直线运动的物体，在某段位移的中点位置的瞬时速度与这段位移始末瞬时速度的关系为：$v_{\frac{x}{2}} = \sqrt{\dfrac{v_0^2 + v_t^2}{2}}$。

不管是匀加速还是匀减速运动，这段时间内中间位置的瞬时速度一定大于中点时刻的瞬时速度，即 $v_{\frac{x}{2}} > v_{\frac{t}{2}}$。

1.1.4 位移图像与速度图像的比较

表 1.1 – 5

比较内容		$x-t$ 图像	$v-t$ 图像
坐标意义		纵坐标表示位置（即相对于规定直线坐标原点的位移），横坐标表示时刻（时间）	纵坐标表示某时刻物体的运动速度，横坐标表示时刻（时间）
图像意义		表示位移随时间的变化关系	表示物体的速度随时间变化关系
匀速运动	图像形状	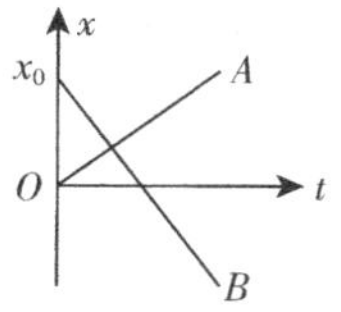	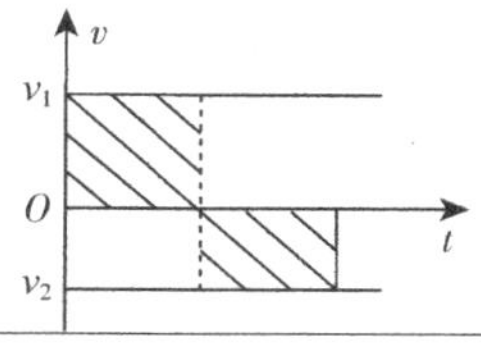
	图像特点	一条倾斜直线	平行于时间轴的直线
匀变速运动	图像形状	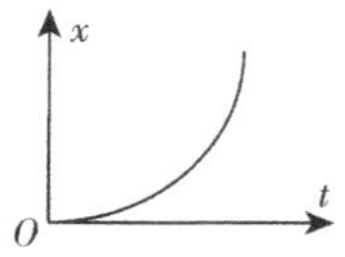	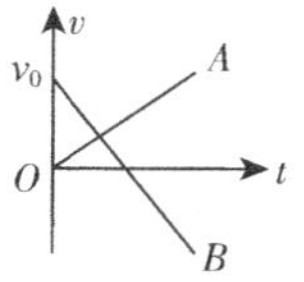
	图像特点	一条曲线	倾斜直线
斜率的意义		斜率 $k=\dfrac{\Delta x}{\Delta t}$ 的大小表示物体的运动速度的大小，斜率的正负表示速度的方向	斜率 $k=\dfrac{\Delta v}{\Delta t}$ 的大小表示物体的加速度大小，斜率的正负表示加速度的方向
运动情景		倾斜向上（斜率为正）表示物体向正方向运动，倾斜向下（斜率为负）表示物体向负方向运动	在时间轴上方的图像表示速度为正，物体向正方向运动，在时间轴下方的图像表示速度为负，物体向负方向运动，速度的正负表示方向，大小只看绝对值
图中任一点的含义		质点在某时刻的位置（相对原点的位移）	质点在某时刻的速度
位移表示		某一点横坐标所对应的纵坐标值即为该时刻的位移（从图中直接读出），一段时间内的位移为这段时间内纵坐标之差，即 $\Delta x=x_2-x_1$	图像与坐标轴围成的面积（如阴影）大小表示物体在这段时间内的位移（注意：在时间轴上方的面积表示位移为正方向，在时间轴下方的表示位移为负方向），总位移是它们的代数和

7

高中物理学习的知识建构与结论

比较内容	$x-t$ 图像	$v-t$ 图像
平行于横轴的直线意义	质点位置不变（静止）	质点做匀速直线运动
倾斜直线意义	匀速直线运动	匀变速直线运动

1.1.5　自由落体运动

1. 定义

只在重力作用下从静止开始下落的运动叫自由落体运动。

2. 条件

（1）初速度为零。

（2）只受重力作用。

3. 性质

自由落体运动是初速度为零的匀加速直线运动。

4. 重力加速度

同一地点各物体自由下落的加速度相同，但在不同地点一般不同。

从赤道往两极，随纬度增加，重力加速度逐渐增大，两极最大，赤道最小。

离地越高（高度可以与地球半径相比），重力加速度越小。

通常计算中，取 $g = 9.8\text{m/s}^2$。

精略计算中，取 $g = 10\text{m/s}^2$。

5. 自由落体运动的规律

速度公式：$v_t = gt$

位移公式：$h = \dfrac{1}{2}gt^2$

推论公式：$v_t^2 = 2gh$

1.1.6　竖直上抛运动

1. 定义

以一定的初速度竖直向上抛出（不考虑空气阻力），且只在重力作用下所做的运动叫竖直上抛运动。

2. 特点及性质

（1）上升阶段：加速度为 g 的匀减速直线运动。

（2）下降阶段：自由落体运动。

（3）在最高点：速度为零，加速度为重力加速度 g。

3. 竖直上抛运动的处理方法

（1）分段法

① 上升过程：$v_t = 0$，$a = -g$ 的匀减速直线运动。

② 下降过程：自由落体运动。

（2）整体法：将上升和下降过程统一看成是初速度 v_0 向上，加速度 $a = -g$ 向下的匀变速直线运动，取向上为正。

速度：$v_t = v_0 - gt$

位移：$h = v_0 t - \dfrac{1}{2}gt^2$

推论：$v_t^2 - v_0^2 = 2gh$

说明：

若 $v_t > 0$，则物体在上升。$v_t < 0$，则物体在下落。

若 $h > 0$，物体在抛出点上方。$h < 0$，物体在抛出点下方。

（注：也可以取向下为正方向）

4. 几个特征量

上升的最大高度：$H = \dfrac{v_0^2}{2g}$

从抛出点上升到最高点所需时间：$t_{上} = \dfrac{v_0}{g}$

从最高点落回到抛出点所需时间：$t_{下} = \dfrac{v_0}{g}$

5. 竖直上抛运动的对称性

（1）时间的对称性

① 物体上升到最高点所用时间与物体从最高点落回到原抛出点所用时间相等。

② 物体在上升过程中，从某点到达最高点所用的时间和从最高点落回该点所用的时间相等。

③ 物体在竖直上抛运动中，上下运动过程经过同一段路径所用时间相同。

（2）速度的对称性

① 物体上抛时的初速度与物体又落回原抛出点时的速度大小相等，方向相反。

② 竖直上抛运动中，上下运动过程中经过同一个位置时的速度大小相等，方向相反。

1.2 力和物体平衡

1.2.1 力

1. 力是物体间的相互作用

（1）力的物质性：力不能脱离物体而单独存在。

（2）力的双物性：有力存在，就一定有受力物体和施力物体两个物体同时存在。

（3）力的相互性：一个物体在受到力的作用的同时，也一定给施加这个力的物体一个反作用的力，即一个物体既是受力物体，同时也是施力物体，力的作用是相互的。

2. 力的作用效果

（1）使物体发生形变。

（2）改变物体的运动状态。

3. 力的表示方法

（1）力的示意图：从力的作用点起，沿力的方向画一条带箭头的线段，表示物体在这个方向上受到某个力的作用，不具体表示出力的大小。

（2）力的图示：从力的作用点起，沿力的方向画一条带箭头的线段形象地表示出力的三要素，线段的长短表示力的大小，箭头的指向表示力的方向，箭头或箭尾表示力的作用点。

4. 力的分类

（1）按力的性质分（即力是由于什么原因而产生的）：重力、弹力、摩擦力、电磁力、分子力、核力等。

（2）按力的效果（即按力产生的效果命名）分：压力、支持力、拉力、动力、阻力、向心力、回复力等。

注意：

① 根据效果命名的不同名称的力，性质可能相同。

② 根据性质命名的不同名称的力，效果可能相同。

1.2.2 重力

1. 重力的产生

重力是由于地球的吸引而产生的，但并不是地球的吸引力，重力的大小和方向都不一定与地球的吸引力相同。地表附近的所有物体，不论是运动还是静止，不论是在地面还是在空中，都受到重力的作用。

2. 重力的方向

重力的方向总是竖直向下（与物体所处的位置及运动状态无关），即垂直于水平面向下，但不一定垂直于接触面。

3. 重力的大小

（1）物体的重力与物体的质量成正比，即 $G = mg$（$g = 9.8\mathrm{N/kg}$）。

（2）重力的测量工具：测力计。

（3）当物体静止时，对水平支持面的压力或对竖直悬绳的拉力大小等于物体的重力。

注意：

① 压力和拉力并不总等于重力，只在某些特殊情况下才等于重力。

② 压力和拉力不是重力，只是在某些特殊情况下其大小等于物体的重力（其性质不同，受力物体与施力物体也不同）。

4. 重力的作用点——重心

（1）物体的每一点都受重力作用，只是从效果上看，好像作用于一点，这一点就叫重心，是重力的等效作用点。

（2）物体的重心与物体的形状和质量分布有关。

（3）形状规则、质量分布均匀的物体的重心在其几何中心。

（4）物体的重心不一定在物体上。

（5）悬挂法可测出薄板的重心。

1.2.3 弹力

1. 弹力的定义

发生弹性形变的物体，由于要恢复原状，对跟它接触的物体产生力的作用，这种力就叫弹力。弹力是由施力物体发生形变而对跟它接触的受力物体产生的。

2. 弹力的产生条件

（1）两物体直接接触。

（2）发生弹性形变。

3. 弹力大小

弹力的大小与形变大小有关，形变越大，弹力越大。

弹簧的弹力：$F = kx$ ——胡克定律（在弹性限度内，弹簧的弹力与弹簧伸长或缩短的长度 x 成正比。其中 k 是弹簧的劲度系数，由弹簧本身的性质决定，单位是 N/m）。

4. 弹力方向

弹力的方向与发生弹性形变产生弹力的物体的形变恢复方向相同，与其形变方向相反。

5. 常见的弹力及方向

（1）压力、支持力是弹力，其方向垂直于接触面，而指向被压或被支持的物体。

说明：平面与平面接触、点与平面接触、曲面与平面接触时其弹力方向均垂直于接触面。曲面与曲面接触、点与曲面接触，弹力方向垂直于接触点处的切面，且过曲面的曲率中心。

（2）绳的拉力从性质上讲也是弹力，其方向总沿着绳而指向绳收缩的方向。

（3）杆的弹力可能沿杆方向，也可能与杆成任意角度。杆的弹力即可以是沿杆方向的拉力或支撑力，也可以是与杆成任意角的斜向弹力或与杆垂直的弹力。

1.2.4 摩擦力

表 1.2 - 1

	滑动摩擦力	静摩擦力
定义	两个相对运动的物体间产生的阻碍其相对运动的力叫滑动摩擦力	两个相对静止的物体间有相对运动趋势时接触面间产生的阻碍其相对运动趋势发生的力叫静摩擦力
方向	跟接触面相切，总与物体的相对运动（或相对运动趋势）方向相反，但不一定与物体的运动方向相反，即可能与物体的运动方向相同，也可能与物体的运动方向成任意角	
效果	总阻碍物体间的相对运动（或相对运动趋势发生），但不一定阻碍物体运动，摩擦力可以是阻力，也可以是动力。	
条件	①接触　②不光滑　③接触面间有压力（弹力）　④有相对运动或相对运动趋势	
注意	两物体间有弹力，不一定有摩擦力，但两物体间若有摩擦力，则两物体间一定有弹力。	

	滑动摩擦力	静摩擦力
大小	$F_f = \mu F_N$ （与接触面的压力 F_N 成正比）。 （1）μ——动摩擦因数，只与接触面的性质（即接触面的材料及粗糙程度等）有关。 （2）物体一旦开始运动，两物体间的滑动摩擦力就能用公式 $F_f = \mu F_N$ 进行计算，即两物体间的滑动摩擦力与物体运动的速度大小，接触面积大小以及运动方向上是否受其他力的作用无关，只要两物体间的动摩擦因数 μ 和压力 F_N 恒定，则其间的滑动摩擦力就恒定不变。	（1）与接触面间的压力大小无关，只与引起相对运动趋势的外力有关。 （2）静摩擦力的大小和方向均可根据物体的运动状态由平衡条件或牛顿运动定律进行求解。 （3）静摩擦力随引起相对运动趋势的外力的变化而变化，但有一个范围，不能超过其最大静摩擦力 f_{max}，即 $0 < f_静 \leq f_{max}$。 注意：① 最大静摩擦力 f_{max} 与接触面的压力及性质有关，即 $f_{max} = \mu_0 F_N$（μ_0 为接触面间的最大静摩擦因数，只与接触面的性质（如材料和粗糙程度等）有关，F_N 为接触面间的压力。 ② 最大静摩擦力 f_{max} 一般情况下比滑动摩擦力略大，但在有的时候可以认为最大静摩擦力等于滑动摩擦力。

1.2.5 力的合成

1. 合力与分力

如果几个力共同作用产生的效果与一个力单独作用产生的效果相同，那么这个力就是那几个力的合力，相反地，那几个力就是这个力的分力。

说明：合力与分力可以相互替代，但并非同时作用在物体上。

2. 共点力

如果物体所受的几个力作用于物体的同一点或是其作用线交于同一点，则这几个力就叫共点力。

3. 力的合成法则

如图 1.2–1 所示，平行四边形定则——以表示共点力的两个力 F_1、F_2 为邻边作平行四边形，而这两个邻边之间的对角线就表示合力 F。

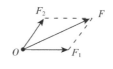

图 1.2–1

4. 多个力的合成

如图 1.2–2 所示，先将其中任意两个力合成，然后再将这两个力的合力与第三个力合成，直到把所有的力都合成进去。

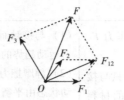

图 1.2 – 2

5. 互成角度的两个力 F_1、F_2 的合力与它们之间的夹角 θ 的关系

（1）当 $\theta = 0°$ 时，合力 $F = F_1 + F_2$，方向与共点力 F_1、F_2 的方向相同。

（2）当 $\theta = 180°$ 时，合力 $F = |F_1 - F_2|$，方向与较大的那个力的方向相同。

（3）两个力共点力 F_1、F_2 的合力 F 的范围：$|F_1 - F_2| \leq F \leq F_1 + F_2$。

（5）当 $\theta = 90°$ 时（如图 1.2 – 3 所示），合力 $F = \sqrt{F_1^2 + F_2^2}$，方向 $\tan\varphi = \dfrac{F_2}{F_1}$。

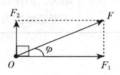

图 1.2 – 3

（6）当 $\theta = 120°$ 且 $F_1 = F_2$ 时（如图 1.2 – 4 所示），合力 $F = F_1 = F_2$，方向与 F_1、F_2 均成 60° 角。

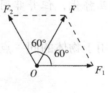

图 1.2 – 4

1.2.6 力的分解

1. 力的分解法则
力的分解是力的合成的逆运算，同样遵循平行四边形法则。

2. 力的分解步骤

（1）确定要分解的力 F。

（2）根据力所产生的效果或按要求（如正交分解）确定两分力的方向。

（3）以已知力 F 为对角线作平行四边形。

（4）根据相应的三角形知识求解。

1.2.7 物体的平衡

1. 物体的平衡状态

物体处于静止或匀速直线运动的状态叫平衡状态。

2. 物体在共点力作用下的平衡条件

物体所受的合力为0，即

$$F_合 = 0$$

直角坐标系中表示为

$$F_{x合} = 0 \text{ , } F_{y合} = 0$$

3. 力的平衡

（1）二力平衡：两个力大小相等，方向相反，作用在同一直线上。

（2）三力平衡：如果物体在三个共点力作用下处于平衡状态，则其中任意两个力的合力一定与第三个力等大反向。如果沿其中两个力的方向分解第三个力，则其两分力一定分别与这两个力等大反向。

结论：如果一个物体受到在同一平面上的三个非平行力的作用而处于平衡状态，则这三个力的作用线一定交于同一点，即这三个力一定是共点力。

（3）多个力平衡：如果物体在多个共点力的作用下处于平衡状态，则其中任意一个力一定与其他几个力的合力等大反向。

1.3　牛顿运动定律

1.3.1　牛顿第一定律

1. 内容

一切物体总保持静止或匀速直线运动状态，直到有外力迫使它改变这种状态为止。

2. 意义

（1）牛顿第一定律揭示了"一切物体都具有惯性"，即一切物体都有保持原来的运动状态不变的性质。

（2）牛顿第一定律揭示了"力是改变物体运动状态的原因，力是产生加速度的原因，力不是维持物体运动的原因"。

1.3.2　惯性

1. 定义

物体保持原来的静止状态或匀速直线运动状态不变的性质叫惯性，因此牛顿第一定律也叫惯性定律。

2. 几点说明

（1）一切物体都具有惯性，惯性与物体所处状态无关，即一切物体在任何情况下都具有惯性。

（2）惯性即物体保持原来的瞬时速度不变的性质。

（3）惯性大小由物体的质量决定，与物体的运动速度及受力情况无关。

（4）惯性的表现：当不受力或受合力为零时表现为保持原来的运动状态不变，当所受外力不为零时表现为改变其运动状态的难易程度。

（5）一切物体在任何情况下都有惯性，而不是在物体运动状态改变时才有惯性，而是在运动状态改变时才表现出"惯性"。

1.3.3　牛顿第二定律

1. 内容

物体的加速度跟物体所受的合力成正比，跟物体的质量成反比，加速度的方向与合外力方向相同。

2. 公式

$$F = ma$$

3. 对牛顿第二定律的理解

（1）同一性：有两层意思：一是在公式 $F = ma$ 中，左边的 F 表示物体所受的合外力，右边表示这个合外力作用在物体上的效果是使物体产生了加速度 a，即说明了力是使物体产生加速度的原因。二是 F、m、a 必须对应同一物体的受力、质量和加速度。

（2）瞬时性：牛顿第二定律描述了力的瞬时作用效果是产生加速度。加速度与力同时产生、同时变化、同时消失，具有瞬时对应关系。

（3）独立性：力具有独立性，所以当物体受到几个力的作用时，每个力都可以对物体产生一个加速度，就相当于其他的力不存在一样，这时合力产生的加速度等于这几个力分别对物体产生的加速度的矢量和。因此牛顿第二定律在直角坐标系中又可以表示为

$$F_{x合} = ma_x, \ F_{y合} = ma_y$$

（4）矢量性：加速度与合力的方向一致，即在合力的方向上产生加速度。

4. 牛顿第二定律的适用范围

只适用于宏观物体和低速运动物体，不适用于微观物体和高速（高速指相当于光速）运动物体。

1.3.4 力学单位制

力学中的三个基本物理量：长度、时间、质量。

其在国际单位制中的基本单位：米（m）、秒（s）、千克（kg）。

说明：牛顿（N）不是力学中的基本单位，是导出单位，是由牛顿第二定律导出的单位，即 $1N = 1kg \cdot m/s^2$，其意义是使质量为 1kg 的物体产生 $1m/s^2$ 的加速度的力就是 1N。

1.3.5 牛顿第三定律

1. 内容

两个相互作用的物体之间的作用力和反作用力总是大小相等，方向相反，作用在一条直线上。

注意："总是"表明作用力与反作用力与物体所处的状态无关，在任何情况和任何状态下都是大小相等，方向相反，无一例外。

2. "作用力和反作用力"与一对"平衡力"的区别

表 1.3 - 1

类别	作用力和反作用力	平衡力
对象	作用在相互作用的"两个"不同物体上	作用在"同一个"物体上
性质	作用力和反作用力的性质总是相同	一对平衡力的性质不一定相同
瞬时性	总是同时产生，同时变化，同时消失	不一定同时产生，同时变化，同时消失
效果	分别对两物体产生不同的效果，不能相互抵消	一对平衡力产生的效果是相互抵消，使物体处于平衡状态

1.3.6 超重和失重

1. 定义

超重（或失重）是指物体对水平支持物的压力或对竖直悬挂物的拉力大于（或小于）物体自身重力的现象。物体本身的重力并没有变化。

完全失重：物体对水平支持物没有压力或对竖直悬挂物没有拉力的现象叫完全失重。

2. 条件

（1）物体处于超重的条件：具有向上的加速度（或竖直向上的分加速度），如物体向上加速运动或向下减速运动。

（2）物体处于失重的条件：具有向下的加速度（或竖直向下的分加速度），如物体向下加速运动或向上减速运动。

（3）物体完全失重的条件：具有向下的加速度 $a = g$，如自由落体运动或抛体运动。

3. 超重或失重大小

物体超重或失重部分合力大小为 ma，其中 m 为超重或失重物体的质量，a 为物体在竖直方向的加速度或分加速度。

4. 注意区分"实重""视重""失重"

（1）实重：指物体实际所受的重力，大小为 $G = mg$，由物体质量 m 和当地重力加速度 g 共同决定。

（2）视重：指用测力计所测出的物体重力大小，等于物体对测力计水平支撑面的压力大小，或等于物体对测力计竖直悬挂点的拉力大小。

（3）失重：指物体对水平面的压力或对竖直悬挂物的拉力小于重力的现象，此时物体的视重小于实重，但物体本身的重力即实重并没变。

注意：物体的视重大小与物体的运动状态有关，如物体运动具有向上的加速度时物体处于超重状态，则视重会大于物体的实重，而当物体运动具有向下的加速度时物体处于失重状态，则视重会小于实重。

1.4 曲线运动

1.4.1 曲线运动

1. 曲线运动一定是变速运动，一定具有加速度

（1）曲线运动某点的速度方向沿曲线轨迹这一点的切线方向。

（2）曲线运动的速度大小不一定变化，但速度方向时刻在变，所以曲线运动物体的速度是变量，即曲线运动是变速运动，一定具有加速度。

注意：

① 曲线运动可能是匀变速曲线运动 —— 所受合外力或加速度恒定。

② 曲线运动也可能是非匀变速曲线运动—— 所受合外力或加速度不恒定。

2. 物体做曲线运动的条件

物体所受合力 F 或加速度 a 与速度 v 不在一条直线上。

注意：

① 做曲线运动的物体一定受到不为零的合外力 F 的作用，但合外力可能恒定（恒力），也可能不恒定（变力）。

② 若合外力 F 或 a 恒定（恒力），则物体做匀变速曲线运动。

③ 若合外力 F 或 a 不恒定（变力），则物体做非匀变速曲线运动。

3. 曲线运动的轨迹

如图 1.4 - 1 所示，物体沿 ABC 做曲线运动，其轨迹总是向着合力 F 所指的一侧弯曲，或其运动轨迹一定偏向合力 F 一侧，或者说其速度 v 与合力 F 一定分布在曲线运动轨迹 ABC 的两侧。

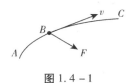

图 1.4 - 1

1.4.2 运动的合成与分解

（1）合运动是物体**实际发生**的运动，运动的合成与分解遵循**平行四边形法则**。

（2）合运动与分运动具有**等时性**：两个分运动与合运动所用的时间相同。

（3）两个分运动具有**独立性**：两个方向上的分运动彼此独立，即一个方向的分运动并不会因为另一个方向分运动的存在而发生变化。

（4）两个分运动具有**同一性**：两个分运动指的是**同一个物体、同时**发生的不同运动，而不是不同物体发生的运动。

（5）合运动（合位移、合速度）可能**大于、等于**或**小于**任一分运动（分位移、分速度）。

1.4.3 平抛物体的运动

1. 平抛运动的定义

将一物体以一初速度 v_0 水平抛出，且只在重力作用下的运动叫平抛运动。

2. 平抛运动的条件

（1）物体具有水平初速度 v_0。

（2）物体只受重力作用。

3. 平抛运动的轨迹

抛物线（曲线运动）——所受合力（重力）与速度方向不在一条直线上。

4. 平抛运动的性质

匀加速曲线运动——加速度 $a = g$ 恒定。

在相等时间内速度变化量相同（匀加速运动的特点），即相同时间内速度变化量（ $\Delta v = g \cdot \Delta T$ ）大小相等，方向相同（与加速度 g 方向相同，即竖直向下）。

5. 平抛运动的分解

水平方向：匀速直线运动。

竖直方向：自由落体运动。

6. 平抛运动的规律

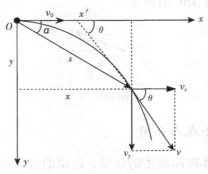

图 1.4 - 2

（1）分速度：$v_x = v_0$，$v_y = gt$。

合速度：$v = \sqrt{v_x^2 + v_y^2} = \sqrt{v_0^2 + (gt)^2}$。

方向：$\tan\theta = \dfrac{v_y}{v_x} = \dfrac{gt}{v_0} = 2\tan\alpha$。

（2）分位移：$x = v_0 t$，$y = \dfrac{1}{2}gt^2$。

合位移：$s = \sqrt{x^2 + y^2}$。

方向：$\tan\alpha = \dfrac{y}{x} = \dfrac{gt}{2v_0} = \dfrac{1}{2}\tan\theta$。

结论：

① 瞬时速度方向与位移方向的关系：$\tan\theta = 2\tan\alpha$。

② 某时刻瞬时速度反方向延长线交于这段时间内水平位移 x 的中点，即 $x' = \dfrac{x}{2}$。

7. 做平抛运动的物体经历相邻相等时间 T 内的运动规律

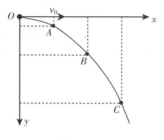

图 1.4 - 3

（1）连续相等时间间隔 T 内水平分位移相等：$x_{OA} = x_{AB} = x_{BC} = v_0 T$。

（2）竖直分位移：

$y_{OA} : y_{AB} : y_{BC} = 1 : 3 : 5$（连续相等时间间隔 T 内的竖直分位移之比为奇数比）。

$y_{BC} - y_{AB} = y_{AB} - y_{OA} = gT^2$（连续相等时间间隔 T 内竖直方向的分位移之差相同，且为恒量 gT^2）。

（3）竖直分速度：$v_{By} = \overline{v_{ACy}} = \dfrac{y_{AC}}{2T}$，$v_{Ay} = \overline{v_{OBy}} = \dfrac{y_{OB}}{2T}$。

原理：竖直方向（自由落体运动——匀加速直线运动）上某段时间中点时刻的瞬时速度等于这段时间内的平均速度。

1.5 圆周运动

1.5.1 匀速圆周运动

1. 匀速圆周运动的定义

质点沿圆周运动，在任意相等时间间隔内通过的圆弧长度相同的运动就叫匀速圆周运动。

2. 匀速圆周运动的特点

（1）在相等的时间间隔内，通过的圆弧长度相同，转过的圆心角相同。

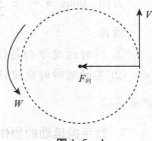

图 1.5 – 1

在相等的时间间隔内，发生的位移不同（大小相等，方向不同）。

（2）在同一匀速圆周运动中，其运动的角速度 ω，周期 T，频率 f，转速 n 恒定不变，是恒量。而其线速度 v，向心力 F，向心加速度 a 是变化的，是变量（大小不变，方向时刻在变）。

3. 匀速圆周运动的性质

变加速曲线运动，即非匀变速曲线运动——向心力 F，向心加速度 a 不恒定，是变量（大小不变，方向在变）。

4. 描述匀速圆周运动的物理量

（1）周期 T

定义：做匀速圆周运动的物体转一圈的时间，通常用字母 T 表示。

单位：秒（s）。

意义：表示物体做匀速圆周运动的快慢，周期越大，物体转动越慢，相反就越快。

矢量性：标量，没有方向。

特点：对于同一匀速圆周运动，其运动的周期 T 是一个定值，是恒量。

（2）转速 n

定义：做匀速圆周运动的物体在单位时间内转过的圈数叫转速，通常用字母 n 表示。

单位：转每秒（r/s），转每分（r/min），1r/s ＝ 60r/min。

意义：表示物体做匀速圆周运动的快慢，转速越大，物体转动越快，相反就越慢。

矢量性：标量，没有方向。

特点：对于同一匀速圆周运动，其运动的转速 n 是一个定值，是恒量。

（3）线速度

定义：做圆周运动的物体转过的圆弧长度 s 跟所用时间 t 的比值叫线速度。

公式：$v = \dfrac{s}{t}$，比值定义法。

意义：表示做圆周运动物体运动的快慢。

矢量性：矢量，方向沿圆周的切线方向，时刻在变，是变量。

特点：在同一匀速圆周运动中，线速度的大小不变，方向时刻在变，是变量。

（4）角速度 ω

定义：做圆周运动的物体转过的圆心角 φ 跟所用时间 t 的比值叫角速度。

公式：$\omega = \dfrac{\varphi}{t}$，比值定义法。

单位：rad/s——弧度每秒。

意义：表示做圆周运动物体运动的快慢，角速度越大，物体转动越快，相反就越慢。

矢量性：矢量，即有大小，又有方向（高中阶段回避其矢量性）。

特点：在同一匀速圆周运动中，角速度恒定不变，是恒量。

（5）频率 f

定义：单位时间内完成的周期性变化的次数（即转过的圈数），通常用 f 表示。

意义：表示做匀速圆周运动物体运动的快慢，频率越高，物体转动越快，相反就越慢。

矢量性：标量，只有大小，没有方向。

特点：在同一匀速圆周运动中，其转动的频率 f 恒定不变，是恒量。

5. 各物理量之间的关系

频率、周期、转速三者的关系：$f = \dfrac{1}{T} = n$。

线速度 v 和角速度 ω 的关系：$v = \omega r$。

线速度与其他量的关系：$v = \dfrac{2\pi r}{T} = 2\pi rn$。

角速度与其他量的关系：$\omega = \dfrac{2\pi}{T} = 2\pi n$。

1.5.2 向心力、向心加速度

1. 向心力

（1）定义：做圆周运动的物体所受到指向圆心的合力叫向心力。

注意：

① 向心力（即指向圆心的合力）并不一定是物体所受的合力。做匀速圆周运动的物体的向心力等于物体所受的合力。做非匀速圆周运动的物体的向心力不一定等于物体所受的合力。

② 向心力是根据力的效果命名的力，是物体实际所受的指向圆心的合力，可以是某一个力提供的，也可以是某个力的分力提供的，还可以是几个力的合力提供的，不能认为是物体另外所受的力。

（2）向心力的方向：始终指向圆心，与物体的速度方向垂直，即向心力的方向时刻在变，所以向心力是一个变力，是变量。

（3）向心力的作用效果：只改变速度的方向，不改变速度的大小（因为向心力方向始终与速度方向垂直）。

（4）向心力的大小 $F = \begin{cases} m\omega^2 r \\ \dfrac{mv^2}{r} \\ m\dfrac{4\pi^2}{T^2}r \end{cases}$

注意：在匀速圆周运动中，向心力大小恒定不变，但方向时刻在变，是变力。

2. 向心加速度

（1）定义：向心力产生的加速度。

（2）方向：与向心力的方向相同，始终指向圆心，与速度方向垂直，其方向时刻在变，是变量。

（3）大小 $a = \begin{cases} \omega^2 r \\ \dfrac{v^2}{r} \\ \dfrac{4\pi^2}{T^2}r \end{cases}$

注意：在匀速圆周运动中，向心加速度大小不变，但方向时刻在变，是变量。

（4）意义：描述圆周运动物体的速度方向变化快慢的物理量。

1.5.3　求解圆周运动的基本思路

（1）确定做圆周运动的物体为研究对象。

（2）确定圆周运动的轨道平面、圆心位置和半径。

（3）对研究对象进行受力分析，画出其受力示意图。

（4）建立正方向或直角坐标系（指向圆心方向为正方向或 x 轴正方向），运用平行四边形定则或正交分解求出指向圆心方向的合力 F。

（5）根据平衡条件和圆周运动知识列方程，即

$$F_{x合} = m\omega^2 r = \frac{mv^2}{r} = m\frac{4\pi^2}{T^2}r = ma \,,\, F_{y合} = 0$$

说明：

① 方程"="左边表示物体实际所受的指向圆心的合力。右边表示物体做圆周运动所需的向心力。

② 公式 $F_{向} = m\omega^2 r = \frac{mv^2}{r} = m\frac{4\pi^2}{T^2}r = ma$ 不仅适用于匀速圆周运动，对变速圆周运动也同样适用，只不过在变速圆周运动中，由于线速度 v 大小不断变化，所以只对某一点瞬时成立，因此 v 为这一点的瞬时速度。

1.5.4　离心现象及其应用

1. 离心运动

做匀速圆周运动的物体，在合外力突然消失或者不足以提供物体做圆周运动所需的向心力的情况下，物体做远离圆心的运动，这种运动叫作离心运动。

2. 物体做匀速圆周运动和离心运动的条件

当 $F_{合}$（$F_{提}$）$= F_{向}$时，物体做匀速圆周运动。

当 $F_{合}$（$F_{提}$）$< F_{向}$时，物体做离心运动。

当 $F_{合}$（$F_{提}$）$> F_{向}$时，物体做向心运动。

说明：

① $F_{向}$是物体做圆周运动所需要的向心力，由物体质量及运动情况，即运动半径 r、运动快慢如线速度 v 或周期 T 或角速度 ω 等决定，即由公式 $m\omega^2 r = \frac{mv^2}{r} = m\frac{4\pi^2}{T^2}r = ma$ 决定。

② $F_{合}$（$F_{提}$）是物体所受的指向圆心的合力，也就是实际提供的向心力。

3. 离心运动的应用和防止

（1）离心运动的应用：应使物体所受的指向圆心的合力小于其做圆周运动所需的向心力，具体应用如离心干燥器、洗衣机的脱水筒和离心转速计等。

（2）离心运动的防止：应使物体所受的指向圆心的合力不小于物体做圆周运动所需的向心力，如汽车或火车转弯时速度不能太大，机械转动时的转速不能太大等。

1.6 万有引力定律

1.6.1 开普勒三大定律

1. 开普勒第一定律（轨道定律）
所有行星绕太阳运动的轨道都是椭圆，太阳处在椭圆的一个焦点上。

2. 开普勒第二定律（面积定律）
行星和太阳的连线在相同的时间内扫过的面积相等（如图 1.6 – 1 所示）。

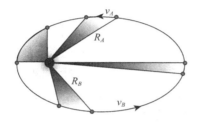

图 1.6 – 1

说明：简单来说，就是行星在近日点的线速度大，远日点线速度小，线速度与行星到太阳的距离近似成反比，如图 1.6 – 1 所示：

$$v_A \cdot R_A = v_B \cdot R_B$$

3. 开普勒第三定律（周期定律）
所有行星绕太阳运行的椭圆轨道的半长轴 R 的三次方与公转周期 T 的平方的比值相同：

$$\frac{R^3}{T^2} = k$$

① 对不同的行星绕同一个中心天体运行时，比值 k 是一定的，且相同。

② 对不同的行星绕不同的中心天体运行时，比值 k 是不同的。k 与中心天体质量 M 有关。

③ 开普勒第三定律对卫星的运动也适用。

④ 若卫星的轨道是圆形，开普勒第三定律也适用，$\frac{R^3}{T^2} = k$，式中的 R 为卫星的轨道半径。

证明：由 $G\frac{Mm}{R^2} = m\frac{4\pi^2}{T^2}R$，得 $\frac{R^3}{T^2} = \frac{GM}{4\pi^2} = k$ ——只与中心天体的质

量有关。

1.6.2 万有引力定律

1. 内容

自然界中的任何两个物体间都是相互吸引的，引力的大小跟它们的质量的乘积成正比，跟它们的距离的平方成反比。

2. 公式

$$F = \frac{Gm_1m_2}{r^2}$$

注意：$G = 6.67 \times 10^{-11} \mathrm{N \cdot m^2/kg^2}$——引力常量。牛顿虽然发现了万有引力定律，但并没有给出引力常量的值，而是由卡文迪许在实验室第一次用扭秤实验测出了引力常量的值。

3. 适用条件

（1）适用于两个质点间的万有引力的计算。

（2）对一般物体，若两个物体间的距离远远大于物体本身的大小时，物体可视为质点，可近似用万有引力定律计算物体间的万有引力大小。

（3）对于质量分布均匀的球体，r 是两球心之间的距离。

1.6.3 重力与万有引力的关系

（1）如图 1.6 - 2 所示，物体的重力是地球对物体万有引力的一个分力（F_2），引力的另一个分力（F_1）提供物体随地球自转做圆周运动所需的向心力，所以重力与万有引力的大小和方向都不一定相同。

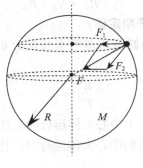

图 1.6 - 2

（2）从赤道往两极移动，随纬度的增加，物体重力（F_2）逐渐增大，随地球自转做圆周运动所需的向心力（F_1）减小。

在两极处，重力最大（等于万有引力），随地球自转做圆周运动所需的向心力为零。

即 $G \dfrac{Mm}{R^2} = mg_{极}$。

在赤道处，$G \dfrac{Mm}{R^2} = mg_{赤} + m\omega^2 R$。

在赤道处，物体的重力最小，随地球自转所需的向心力 $m\omega^2 R$ 最大，不过实际上，即使在赤道处重力与万有引力两者相差最大也不超过 4‰，所以通常都忽略重力与万有引力的区别。

（3）当地球自转的影响可忽略不计时，在地球表面附近有 $mg = G \dfrac{Mm}{R^2}$，R 为地球的半径，M 为地球的质量。

所以地球表面附近的重力加速度：$g = \dfrac{GM}{R^2}$。

（4）重力加速度与离地面高度的关系。

离地面 h 高处，$mg_h = G \dfrac{Mm}{(R+h)^2}$，

所以离地面 h 高处的重力加速度：$g_h = \dfrac{GM}{(R+h)^2} = \dfrac{R^2}{(R+h)^2} g$。

结论：

离地面 h 高处的重力加速度 g_h 与地球表面附近的重力加速度 g 的关系为：

$$\dfrac{g_h}{g} = \dfrac{R^2}{(R+h)^2}$$

所以离地面越高，重力加速度越小，但此高度应可以与地球半径 R 相比较时才会考虑重力加速度的变化，否则就不需要考虑重力加速度的变化。

1.6.4　万有引力定律在天文学上的应用

1. 预言彗星回归和未知星体

（1）预言彗星回归

① 哈雷根据牛顿的引力理论对彗星轨道进行了计算，预言彗星将于 1758 年再次出现。

② 克雷洛预言由于受木星和土星的影响，彗星推迟于 1759 年经过近日点，且得到证实。

（2）预言未知星体

① 根据天王星的运行轨道与由万有引力定律计算出来的轨道存在的明显偏差，英国的亚当斯和法国的勒维耶预言了天王星轨道外存在一颗行星，并计算出了这颗未知行星的质量、轨道和位置，伽勒于 1846 年 9 月 23 日在预定区域发现了这颗未知的行星——海王星。

② 1930 年，汤姆博夫根据海王星自身运动不规则性的记载发现了冥王星。

2. 研究天体运动的公式

（1）天体表面的重力等于万有引力，即 $G\dfrac{Mm}{R^2} = mg$。

（2）研究天体运动时，太阳系的九大行星及其卫星的运动都可以看作匀速圆周运动，其圆心必与中心天体球心重合，且其做匀速圆周运动的向心力由中心天体对它的万有引力提供，即

$$G\frac{Mm}{r^2} = \begin{cases} \dfrac{mv^2}{r} \\[2mm] m\omega^2 r \\[2mm] m\dfrac{4\pi^2}{T^2}r \\[2mm] ma \end{cases}$$

3. 测天体质量或天体密度

表 1.6 – 1

	自力更生法	借助外援法
情景	已知天体的半径 R 和天体表面的重力加速度 g	测出行星或卫星绕中心天体运行的轨道半径 r 和周期 T
思路	物体的重力近似等于天体与物体间的万有引力，即 $mg = G\dfrac{Mm}{R^2}$	行星或卫星受到的万有引力充当向心力，即 $G\dfrac{Mm}{r^2} = m\left(\dfrac{2\pi}{T}\right)^2 r$
天体质量	天体质量：$M = \dfrac{gR^2}{G}$	中心天体质量：$M = \dfrac{4\pi^2 r^3}{GT^2}$
天体密度	$\rho = \dfrac{M}{\frac{4}{3}\pi R^3} = \dfrac{3g}{4\pi RG}$	$\rho = \dfrac{M}{\frac{4}{3}\pi R^3} = \dfrac{3\pi r^3}{GT^2 R^3}$
说明	利用 $mg = \dfrac{GMm}{R^2}$ 求 M 时忽略了天体自转，且 g 为天体表面的重力加速度	$M = \dfrac{4\pi^2 r^3}{GT^2}$，只能求中心天体的质量，而不能求环绕天体的质量

说明：当卫星在中心天体表面运行时，$r = R$，则天体密度为

$$\rho = \frac{M}{\frac{4}{3}\pi R^3} = \frac{3\pi r^3}{GT^2 R^3} = \frac{3\pi R^3}{GT^2 R^3} = \frac{3\pi}{GT^2}$$

结论：当行星或卫星在某中心天体表面环绕时，只需测出其环绕周期 T 就可测出中心天体的密度，即

$$\rho = \frac{3\pi}{GT^2}$$

3. 研究天体表面重力及重力加速度的公式

天体表面的重力等于万有引力，即 $mg = G\dfrac{Mm}{R^2}$。

天体表面的重力加速度：$g = \dfrac{GM}{R^2}$。

例如，对月球表面物体的"重力"有 $mg_{月} = G\dfrac{M_{月}\,m}{R^2}$，

则月球表面的"重力加速度"：$g_{月} = \dfrac{GM_{月}}{R^2}$。

注意：这里忽略了地球对月球表面物体的万有引力（因为地球对月球表面物体的万有引力相对于月球对物体的引力很小，可以忽略不计），其余天体上物体的重力可照此类推。

1.6.5　人造卫星和宇宙速度

1. 人造地球卫星的轨道

卫星绕地球做匀速圆周运动时，由地球对它的万有引力充当向心力，因此卫星绕地球做匀速圆周运动的圆心必与地心重合，而这样的轨道有多种，其中比较特殊的有与赤道共面的赤道轨道和通过两极上空的极地轨道，当然也存在着与赤道平面呈某一角度的圆轨道。

2. 人造地球卫星的两个速度

（1）发射速度：在地面将人造地球卫星发射出去并送入预定轨道运行所必须具有的速度叫发射速度，卫星离地面越高，需要的发射速度越大。

（2）绕行速度：卫星在进入轨道后绕地球做匀速圆周运动的线速度，也叫环绕速度。

3. 行星及人造卫星的运行

行星及卫星绕中心天体做匀速圆周运动时，其圆心必与中心天体的球心重合，由万有引力提供其做匀速圆周运动的向心力，即

$$G\dfrac{Mm}{r^2} = \begin{cases} \dfrac{mv^2}{r} \rightarrow v = \sqrt{\dfrac{GM}{r}} \\[3mm] m\omega^2 r \rightarrow \omega = \sqrt{\dfrac{GM}{r^3}} \\[3mm] m\dfrac{4\pi^2}{T^2}r \rightarrow T = 2\pi\sqrt{\dfrac{r^3}{GM}} \\[3mm] ma_{向} \rightarrow a_{向} = \dfrac{GM}{r^2} \end{cases}$$

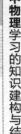
行星及人造卫星在不同的圆形轨道上绕中心天体做稳定的匀速圆周运动时，其运行的线速度v，角速度ω，周期T，向心加速度$a_{向}$均只由其运行的轨道半径r决定，r越大，只有T越长，其他的v、ω、$a_{向}$都越小，若同一行星（或卫星）绕不同的中心天体运行时，其运行的快慢还与中心天体的质量M有关。

注意：

对人造卫星而言，离地越高即轨道半径r越大，其运行速度v越小，但要向高轨道发射卫星时由于要克服地球引力做功，需要的发射速度反而更大，即

① 离地越远（轨道半径r越大）的人造卫星，运行速度v越小，但需要的发射速度越大。

② 离地越近（轨道半径r越小）的人造卫星，运行速度v越大，但需要的发射速度较小。

4. 宇宙速度

（1）第一宇宙速度（环绕速度）

意义：在地面附近把一个物体发射成为绕地球运行的人造卫星所必须具有的最小发射速度，也是人造卫星在地球表面附近围绕地球做匀速圆周运动的运行速度。

大小：$v_1 = \sqrt{\dfrac{GM}{R}} = 7.9\text{km/s}$ 或 $v_1 = \sqrt{gR} = 7.9\text{km/s}$，由中心天体质量$M$和半径$R$决定。

说明：

① 第一宇宙速度$v_1 = 7.9\text{km/s}$，人造卫星绕地球做圆周运动的最大速度（离地越远，运行速度v越小），所有人造卫星在圆轨道上的运行速度v都小于或等于第一宇宙速度7.9km/s。

② 第一宇宙速度$v_1 = 7.9\text{km/s}$是人造卫星发射的最小速度（离地越远，发射速度越大）。

③ 第一宇宙速度是人造卫星在地球表面附近绕地球做匀速圆周运动的运行速度，所以第一宇宙速度也叫环绕速度。

推广：由第一宇宙速度的两种表达式看出，第一宇宙速度的值由中心天体决定，可以说任何一颗行星都有自己的第一宇宙速度，都应以$v = \sqrt{\dfrac{GM}{R}}$或$v = \sqrt{gR}$表示，式中G为引力常量，M为中心天体的质量，g为中心天体表面的重力加速度，R为中心天体的半径。

（2）第二宇宙速度（脱离速度）

① 大小：$v_2 = \sqrt{\dfrac{2GM}{R}} = 11.2\text{km/s}$。

② 意义：使物体挣脱地球引力束缚，成为绕太阳或其他行星运行的人造卫星的最小发射速度。

（3）第三宇宙速度（逃逸速度）

① 大小：$v_3 = 16.7\text{km/s}$。

② 意义：使物体挣脱太阳引力的束缚，飞到太阳系以外的宇宙空间所需要的最小发射速度。

说明：当发射速度 v 满足 $7.9\text{km/s} < v < 11.2\text{km/s}$ 时，卫星绕地球运转，其轨道是椭圆，地球位于椭圆的一个焦点上。

5. 发射速度 v 与发射轨道

（1）当 $7.9\text{km/s} \leqslant v < 11.2\text{km/s}$ 时，卫星绕地球运动，其轨道是椭圆，地球位于椭圆的一个焦点上，且发射速度越大，卫星的轨道越大。

（2）当 $11.2\text{km/s} \leqslant v < 16.7\text{km/s}$ 时，卫星绕太阳运转，成为太阳系一颗"小行星"。

（3）当 $v \geqslant 16.7\text{km/s}$ 时，卫星脱离太阳的引力束缚跑到太阳系以外的空间去。

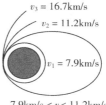

$v_3 = 16.7\text{km/s}$

$v_2 = 11.2\text{km/s}$

$v_1 = 7.9\text{km/s}$

$7.9\text{km/s} < v < 11.2\text{km/s}$

图 1.6－3

1.6.6　同步通讯卫星

1. 定义

始终在赤道正上方，相对于地面静止，转动与地球自转同步的人造卫星叫同步卫星，又叫静止轨道卫星，也叫通信卫星。

2. 特点

（1）确定的转动方向：与地球自转方向一致。

（2）确定的周期：与地球自转周期相同，即 $T = 24\text{h}$。

（3）确定的角速度：等于地球自转的角速度。

（4）确定的轨道平面：所有的同步卫星都在赤道的正上方，其轨道平面必须与赤道平面重合。

（5）确定的高度：离地面高度固定不变（$h \approx 3.56 \times 10^7 \text{m}$）。

（6）确定的环绕速率：线速度大小一定（约 $3.1 \times 10^3 \text{m/s}$）。

1.7 机械能

1.7.1 功

1. 定义

物体受到力的作用并在力的方向上发生了一段位移，则这个力对物体做了功。

2. 做功的两个必要因素

力和物体在力的方向上的位移。即力要做功要满足力与物体的位移有共线的分量。力与位移垂直时，有力有位移但力不做功。

3. 功的计算

① F 方向与位移 x 方向相同时

$$W = F \cdot x$$

② F 方向与位移 x 方向相反时

$$W = -F \cdot x$$

③ F 方向与位移 x 方向成夹角 θ 时

$$W = F \cdot x\cos\theta$$

注意：以上三式只适用于计算恒力所做的功，即 F 必为恒力，x 为物体在力 F 作用下所发生的位移，θ 为力 F 方向与位移 x 方向间的夹角。

4. 单位

焦耳，符号（J），$1J = 1N \cdot m$

5. 物理意义

表示力在空间上的积累效应，是能量转化的量度。

6. 功是过程量

做功必定对应一个过程（或一段位移），应明确是哪个力在哪一过程中做的功。

7. 功是标量，没有方向，但有正负

（1）当 $0° \leqslant \theta < 90°$ 时，$W > 0$，力对物体做正功，表示此力对物体的作用效果是动力，将使物体的能量增加。

（2）当 $\theta = 90°$ 时，$W = 0$，力对物体不做功，表示此力对物体的作用效果既不是动力也不是阻力，即此力只改变物体的运动速度方向，不改变速度的

大小，也即不改变物体的能量。

（3）当 $90° < \theta \leqslant 180°$ 时，$W < 0$，力对物体做负功，表示此力对物体的作用效果是阻力，将使物体的能量减少。力对物体做负功也常说成物体克服这个力做功（取绝对值），这两种说法是等效的，是从两个不同的角度来描述同一个问题。

注意：功是标量，只有大小，没有方向，功的正负既不表示方向，也不表示大小，力对物体做正功表示此力对物体的运动起动力作用，使物体能量增加。力对物体做负功表示此力对物体的运动起阻力作用，使物体能量减少，所以功的正负不表示大小，而是表示动力或阻力做功。

8. 几个力的总功

（1）当物体在几个共点力作用下运动时，这几个力的总功等于这几个力的合力对物体做的功。即

$$W_{合} = F_{合} \cdot x\cos\theta$$

注意：此方法只适用于计算整个过程中受到这几个力都是恒力时合力的功的计算。

（2）当物体在几个共点力作用下运动时，这几个力的总功也等于这几个力分别对物体做的功的代数和，即

$$W_{合} = W_1 + W_2 + W_3 + \cdots$$

注意：此方法适用于所有情况下合力功的计算。功的代数和满足代数加减运算，所以功是标量，也即功的正负不代表方向，不能丢掉，也不能说成力在某方向做功，因为标量没有分量式。

9. 几种特殊力的功

（1）曲线运动中，如果力 F 的大小恒定不变，而方向始终与运动速度 v 方向相同或相反，则这个力做的功 $W = \pm Fs_{路}$（$s_{路}$ 指的是物体所通过的路程，方向相同为正功，方向相反为负功）。

（2）阻力 f 的功：当阻力 f 的大小恒定不变，且方向始终与物体运动速度 v 方向相反时，这时阻力 f 做的功 $W = -f \cdot s_{路}$（$s_{路}$ 为物体通过的路程）。

（3）重力的功：重力所做的功只与物体初、末位置的高度差 h 有关，而与物体所通过的路径无关，即 $W_G = \pm mgh$（注意物体下降时重力做正功，上升时重力做负功）。

（4）作用力和反作用力的功：一对相互作用的作用力和反作用力，可以同时做正功，可以同时做负功，也可以一个做正功，另一个做负功，还可以一个做功，而另一个不做功。

1.7.2 功率

1. 功率

（1）定义：力所做的功 W 跟所用时间 t 的比值叫功率，即

$$P = \frac{W}{t}$$

（2）单位：瓦特（W），常用单位还有千瓦（kW）。$1\text{kW} = 10^3\text{W}$。

（3）意义：功率是描述物体做功快慢的物理量，功率越大，物体做功越快。

2. 功率与力 F 及速度 v 的关系

（1）F 和 v 方向一致时

$$P = Fv$$

（2）F 和 v 方向不同，力 F 与速度 v 方向成夹角 θ 时

$$P = Fv\cos\theta$$

3. 平均功率与瞬时功率

（1）平均功率：力在某段时间（或位移）内做功的功率叫平均功率，通常用 $P = \dfrac{W}{t}$ 计算平均功率。

说明：

① 必须明确是哪个力在哪段时间（或位移）内的平均功率。

② 也可用 $P = F \cdot \bar{v}\cos\theta$ 计算平均功率，注意此式只适用计算恒力的平均功率，$\bar{v}$ 是这段时间（或位移）内的平均速度。θ 是力 F 和平均速度 $\bar{v}$ 方向间的夹角。

（2）瞬时功率：力在某个时刻（或位置）做功的功率叫瞬时功率，通常用 $P = Fv$ 或 $P = Fv\cos\theta$ 计算瞬时功率。

注意：

① 瞬时功率对应于某个时刻（或位置），v 必须取该时刻（或位置）的瞬时速度。

② 若 v 取某一过程的平均速度，则 $P = Fv$ 或 $P = Fv\cos\theta$ 计算的是这段时间的平均功率。

4. 发动机的功率与机车的运行速度

（1）额定功率与实际功率

额定功率是指机械长期正常工作时允许的最大功率。

实际功率是指机械实际工作时的功率，实际功率不得大于额定功率，否则机械将被损坏。

（2）输入功率与输出功率

机械工作时，外界对机械做功的功率叫输入功率。

机械工作时，机械对外界做功的功率叫输出功率。

（3）机械效率

机械的输出功率与输入功率的百分比叫机械的机械效率，即

$$\eta = \frac{P_{输出}}{P_{输入}} \times 100\%$$

（4）机车功率 P 与牵引力 F 和运行速度 v 的关系

发动机的实际功率应小于或等于额定功率。机车在行驶过程中，机车的功率是指机车所施加的牵引力 F 做功的功率，大小为 $P = Fv$。

当 P 一定时，F 与 v 成反比。

当 F 一定时，v 与 P 成正比。

当 v 一定时，F 与 P 成正比。

1.7.3 动能和动能定理

1. 动能

（1）定义：物体由于运动而具有的能叫作动能，即

$$E_{k} = \frac{1}{2}mv^2$$

（2）单位：焦耳（J）。

（3）动能是标量，只有大小，没有方向，只与速度 v 的大小有关，而且物体的动能总是大于等于零，不会出现负值。

（4）动能是一个状态量，它与物体的运动状态对应。

（5）动能是相对的，它与参照物的选取有关。

2. 动能定理

（1）内容：合外力做的功等于物体动能的变化。

（2）公式：

$$W_{合} = \frac{1}{2}mv_t^2 - \frac{1}{2}mv_0^2$$

（3）意义：动能定理揭示了外力对物体所做的总功对应着物体动能的变化，变化的大小由合力的总功的多少来度量。

合外力对物体做多少正功，物体的动能便增加多少。

合外力对物体做多少负功，物体的动能便减少多少。

（4）公式说明

① 公式"="左边表示合力的总功，通常有两种计算方法：

$$W_{合} = \begin{cases} F_{合}\,x\cos\theta & \text{只适用于计算恒力的功} \\ W_1 + W_2 + W_3 + \cdots & \text{（各力所做功的代数和）} \end{cases}$$

适用于所有情况合力的功的计算

公式 " = " 右边表示物体的动能变化，计算时一定是末时刻物体的动能减去初始时刻的动能，即 $\Delta E_k = \dfrac{1}{2}mv_t^2 - \dfrac{1}{2}mv_0^2$。

② 公式中功的计算式"$Fx\cos\theta$"中的 " 位移 x " 及动能的计算式"$\dfrac{1}{2}mv^2$"中的 " 速度 v " 都必须相对于同一参照物，通常都以地面为参照物。

③ 动能定理是标量式，不考虑方向，只考虑速度的大小和功的正负，不能在某一方向上列动能定理方程计算。

（5）动能定理的适用范围

动能定理既适用于恒力做功，也适用于变力做功，既适用于直线运动，也适用于曲线运动。

1.7.4 重力势能

1. 重力势能

（1）定义：物体由于被举高而具有的能量叫重力势能。

（2）重力势能的大小：物体的重力势能等于物体的重量和它的高度的乘积，即

$$E_p = mgh$$

注意：h 为物体相对参考平面的高度。

（3）重力势能是相对的

① 选择不同的参考平面（零势能面）时，物体的重力势能不同，要说物体具有多少重力势能，必须指明参考面（即零势能面）。

② 在参考平面上的物体，其重力势能为零。

③ 在参考平面上方的物体，其重力势能为正（即 $E_p = mgh$），表示物体的重力势能比零势能大。

④ 在参考平面下方的物体，其重力势能为负（即 $E_p = -mgh$），表示物体的重力势能比零势能小。

注意：参考平面的选取是任意的，但应本着对问题研究方便简洁的原则而选取。

（4）重力势能的变化量是绝对的

虽然物体的重力势能与参考平面的选取有关，但重力势能的变化量与参考平面的选取无关，只与物体所处的初、末位置有关。

（5）矢量性

重力势能是标量，只有大小，没有方向，但是重力势能有正、负之分，这里的正、负不是表示方向，而是表示大小，也就是表示比零势能高还是低。

（6）重力做功与重力势能的关系

① 物体高度下降时，重力做正功，重力势能减少，重力做多少正功，物体的重力势能就减少多少。

② 物体高度上升时，重力做负功，重力势能增加，重力做多少负功（或物体克服重力做多少功），物体的重力势能就增加多少。

注意：

① 重力势能的变化只取决于重力所做的功，与其他因素无关。

② 重力做功与路径无关，由物体所受的重力和物体初、末位置所在水平面的高度差 Δh 决定，即 $W_G = \pm mg\Delta h$（物体上升时重力做负功，下降时重力做正功）。

2. 弹性势能

（1）定义：发生弹性形变的物体，在恢复原状时能够对外做功，因而具有能量，这种能量叫作弹性势能。

（2）弹簧弹力做功与弹性势能变化的关系：弹簧的形变量发生改变时，其弹力对外做多少正功，弹簧的弹性势能就减少多少，外界对弹簧做多少功（即弹簧弹力做多少负功或弹簧弹力克服外力做多少功），其弹性势能就增加多少。

注意：弹性势能只有正值没有负值，是标量，没有方向。

3. 势能是系统所共有的

（1）势能也叫位能，是由相互作用的物体的相对位置决定的，包括重力势能和弹性势能。

（2）不论重力势能还是弹性势能，都不是物体单独所有的，而是系统所共有的。

① 重力势能是地球和受重力作用的物体组成的系统所共有的，若没有地球，物体将不受重力，就谈不上重力势能。

② 弹性势能是弹力装置与受弹力作用的物体组成的系统所共有的。

注意：通常所说的"物体的重力势能为多少""弹簧的弹性势能是多少"只是一种习惯上的简称。

1.7.5 机械能守恒定律

1. 机械能：动能和势能的总和统称为机械能

机械能：$E = E_k + E_p$。

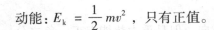

动能：$E_k = \dfrac{1}{2}mv^2$，只有正值。

势能： $\begin{cases} \text{重力势能，} E_p = mgh \text{，有正、负之分} \\ \text{弹性势能，只有正值} \end{cases}$

说明：

① 物体的动能只有正值没有负值，而重力势能可能有负值，所以物体的机械能也可能是负值。

② 由于重力势能具有相对性，所以物体的机械能也具有相对性，应相对于某一参考面（零势能面）而言。

2. 机械能守恒定律

（1）内容

在只有重力和弹力做功的情形下，物体的动能和势能发生相互转化，但机械能的总量保持不变。

（2）公式

① 任意两状态的动能与势能之和（机械能）保持不变，即

$$E_{k1} + E_{p1} = E_{k2} + E_{p2}$$

注意：必须选择参考平面，即零势面。

② 系统的动能增加量等于势能的减少量，或系统的势能增加量等于动能减少量，即

$$\Delta E_k = -\Delta E_p \text{ 或 } \Delta E_p = -\Delta E_k$$

③ 如果系统由 A、B 两部分组成，则 A 增加的机械能一定等于 B 减少的机械能，即

$$\Delta E_A = -\Delta E_B$$

（3）机械能守恒的条件

① 只有重力（或系统内弹力）做功。

单个物体和地球组成的系统：机械能守恒的条件是只有重力做功。

注意：只有重力做功，并不是物体只受重力，即物体也可能还受其他力，但除重力外其他力不做功，或做的总功为零。

几个物体组成的系统：机械能守恒的条件是只有重力和系统内的弹力做功，且系统内其他力对系统所做的总功必为零。

注意：机械能守恒的条件是只有重力或系统内弹力做功，且系统内其他力对系统所做的总功为零，不是合力做功等于零，也不是合力等于零。

② 只发生动能和势能（包括重力势能和弹性势能）的相互转化，无其他形式的能量参与转化。

（4）判断机械能守恒的常用方法

① 根据机械守恒条件进行判断。

② 看动能和势能的总和是否变化。

③ 看能量的转化，如果只有动能和势能（包括重力势能和弹性势能）的相互转化，则机械能守恒。

④ 对于碰撞后粘在一起以及绳子突然绷直等情景，一般机械能不守恒。

3. 功和能的关系

对于一个系统，若不满足机械能守恒的条件，即这个系统除重力和系统内弹力做功外还有其他力做功，则系统的机械能不守恒。

（1）对于单个物体，除重力之外的其他力做多少正功，其机械能便增加多少，做多少负功，其机械能便减少多少。

（2）对于几个物体组成的系统，除重力和系统内弹力之外的其他力（包括内力）对系统做多少正功，则系统的机械能就增加多少。相反的，若除重力和系统内弹力之外的其他力（包括内力）对系统做多少负功，系统的机械能就减少多少。

1.7.6　能源的开发与利用

1. 能量守恒定律

（1）内容：能量既不会凭空产生，也不会凭空消失，它只能从一种形式转化为另一种形式，或者从一个物体转移到另一个物体上，在转化或转移的过程中，其总量保持不变。

（2）意义：能量守恒定律的提出，是人类认识自然的一次重大飞跃，它是自然界中最重要、最普遍的规律之一。

2. 能源的利用

（1）人类对能源的利用大致经历了三个时期，即柴草时期、煤炭时期、石油时期。自工业革命以来，煤和石油成为人类的主要能源。

（2）能源利用方式的改进极大地提高了劳动生产率，给人类的生活带来了极大的改善，煤炭的利用和蒸汽机的诞生引发了产业革命。但能源的大量使用也引起了环境问题。

3. 新能源的开发

（1）在合理开发和节约使用煤、石油、天然气等常规能源的同时，要大力开发核聚变能、太阳能、风能、地热能、海洋能等新能源。

（2）正在开发的新能源有风能、海洋能、太阳能、地热能、氢能、生物质能及核聚变能等。

（3）新能源的优点：多为可再生能源，且污染较小。

1.8 动 量

1.8.1 冲量和动量

1. 冲量

（1）定义：力 F 和力的作用时间 t 的乘积叫作冲量，即

$$I = F \cdot t$$

注意：

① $I = F \cdot t$ 一般只适用于计算恒力 F 的冲量，若力 F 为变力，但力 F 在这段时间内方向不变时，F 则取这段时间 t 内的平均值。

② 冲量由力的大小和力的作用时间两者共同决定。

（2）单位：牛·秒，N·s。

（3）方向：冲量是矢量，遵从平行四边形法则。冲量的方向由力的方向决定，但不能说和力的方向相同。如果力的方向不变，则冲量的方向就和力的方向相同，如果力的方向在不断变化，则力的冲量方向可由动量定理判定。

（4）冲量是一个过程量，反映的是力在时间上的累积效应，它与时间相对应，必须明确是哪个力在哪段时间内对哪个物体的冲量。

（5）功和冲量的区别

表 1.8 – 1

名称	功	冲量
定义式	$W = Fs\cos\theta$，单位：J	$I = Ft$，单位：N·s
意义	功表示力在空间（或位移）上的累积效应	冲量表示力 F 在时间上的累积效应
图像意义	![F-s图] 在 $F - s$ 图中阴影部分面积表示力的功	![F-t图] 在 $F - t$ 图中阴影部分面积表示力的冲量
矢量性	标量，没有方向（只与速度大小有关）	矢量，方向由力的方向决定

名称	功	冲量
作用效果	功是物体能量转化的量度，做了多少功，就有多少能量发生转化	冲量是物体动量变化的原因，是量度物体动量变化多少的，但并不是表示动量的多少
合力的总功和冲量	（1）几个力的总功等于这几个力的合力对物体做的功，即 $W = F_合 s cos\theta$，只适用恒力的功的计算，$F_合$ 指的是物体所受的几个共点力的合力。 （2）几个力的总功也等于这几个力分别对物体所做的功的代数和	（1）几个力的合力的冲量 $I = F_合 t$，只适用计算恒力的冲量，$F_合$ 指的是物体所受到的几个力的合力。 （2）几个力的合力的冲量也等于这几个力的冲量的矢量和
特点	力作用在物体上，但该力对物体不一定做功	只要有力作用在物体上，该力对物体一定有冲量
相同点	冲量和功都是过程量，它们都与力的作用过程相联系。	
说明	物体所受的合外力为零，则合外力对物体的冲量（或合外力对物体做的总功）就一定为零。但合外力对物体的冲量为零（或合外力对物体所做的总功为零），而物体所受的合外力不一定为零。	

2. 动量

（1）定义：物体的质量 m 和运动速度 v 的乘积叫作动量，即

$$p = mv$$

（2）单位：千克·米/秒（kg·m/s）。

注意：动量的单位与冲量的单位(N·s)是等价的，即 $1kg·m/s = 1N·s$。

（3）方向：动量是矢量，它的方向和速度的方向相同，动量的运算服从平行四边形定则。

（4）动量是一个状态量：动量 $p = mv$ 是描述物体某一瞬间所具有动量的瞬时值。

（5）动量是相对量：与参考系的选择有关，一般以地面为参考系。

（6）动量的变化量

① 定义：动量的变化量是指物体末状态的动量减去初状态的动量，即

$$\Delta p = p' - p = mv' - mv$$

注意：动量变化量亦即动量的增量，一定是末态的动量减去初态的动量。

② 矢量：与速度变化的方向相同，遵从平行四边形定则。

若 p'、p 不在一条直线上，要用平行四边形定则求矢量差（高中阶段不要求）。

若 p'、p 在一条直线上，要先规定一个正方向，与正方向相同的动量取

正，与正方向相反的动量取负，即用正、负值表示出 p'、p，然后就可用 $\Delta p = p' - p = mv' - mv$ 进行代数运算。

注意：动量的方向与速度的方向相同，若考虑了速度的正负，就不能再考虑动量的正负，否则就重复考虑了。

（8）动量与动能的区别

表 1.8 - 2

名称	动量	动能
表达式	$p = mv$（与速度大小成正比）	$E_k = \dfrac{1}{2}mv^2$（与速度大小的平方成正比）
单位	kg · m/s	J
矢量性	矢量，与速度方向相同，动量与速度的大小和方向都有关	标量，没有方向。动能只与速度大小有关，与速度的方向无关
联系	$p = \sqrt{2mE_k}$	$E_k = \dfrac{p^2}{2m} = \dfrac{1}{2}pv$
变化量	$\Delta p = p' - p = mv' - mv$，矢量式	$\Delta E_k = \dfrac{1}{2}mv_2^2 - \dfrac{1}{2}mv_1^2$，标量式
	合外力的冲量是物体动量变化的原因	合外力对物体做功是物体动能变化的原因

1.8.2 动量定理

1. 内容

物体所受合外力的冲量等于物体动量的变化量。

2. 公式

$$Ft = mv' - mv \text{ 或 } I = mv' - mv$$

3. 意义

动量定理揭示了冲量是物体动量变化的原因，物体动量的变化由物体所受到的冲量来决定，即

物体动量变化的大小等于物体在这段时间内所受合外力的冲量大小。

物体动量变化的方向与物体在这段时间内所受合外力的冲量方向相同。

注意：

① 动量定理的研究对象是单个物体或可看作单个物体的系统，当研究对象为物体系时，物体系的总动量的变化等于相应时间内物体系所受外力的合力的冲量的矢量和。

② 动量定理公式中的等号表明合外力的冲量与研究对象的动量变化的数值相等，方向一致，单位相同。但不能认为合外力的冲量就是动量的增量。合外力的冲量是导致研究对象运动改变的外因，而动量的变化却是研究对象受外

部冲量作用后的必然结果。

4. **理解**

（1）"$mv' - mv$"表示的是物体的动量变化量，"Ft"表示的是物体所受合力的冲量，F 是物体所受的合外力，一般只能是恒力。

若在时间 t 内力的方向发生变化时，不能用 Ft 计算合力的冲量，此时动量定理应表示为 $I = mv' - mv$，I 为物体所受各个力的冲量的矢量和。

（2）合力的冲量计算方法：

① $I = Ft$，F 为物体所受到的合外力，此式只适用于合力是恒力时的冲量的计算，当物体所受合外力在时间 t 内方向不变时，F 应取这段时间 t 内的平均值。

② $I = I_1 + I_2 + I_3 + \cdots$ 物体所受合外力的冲量也等于物体所受的各个外力的冲量的矢量和。

说明：若各个力的冲量都在同一直线上，则可以取一个正方向（与动量变化计算取的正方向要一致），与正方向相同的冲量取正，相反的取负，物体所受各力的冲量的矢量和 $I = I_1 + I_2 + I_3 + \cdots$ 即可简化为代数运算。

（3）要区分"合外力的冲量"和"某个力的冲量"，注意是"合外力的冲量"等于物体的动量变化量，而不是"某个力的冲量"等于物体的动量变化量。

（4）动量定理的表达式是矢量式，在一维的情况下，各个矢量必须相对于同一个正方向，也可对物体在某一个方向上用动量定理。

5. **适用范围**

恒力作用、变力作用、直线运动、曲线运动均适用，宏观物体、微观物体、低速运动、高速运动均适用。

6. **拓展**

由动量定理 $Ft = mv' - mv = \Delta p$，变形得 $F = \dfrac{\Delta p}{\Delta t}$，即物体所受的合外力 F 等于物体的动量变化率 $\dfrac{\Delta p}{\Delta t}$，所以说物体所受到的合外力越大，物体的动量变化越快。

说明：$\dfrac{\Delta p}{\Delta t}$ 叫动量的变化率，即单位时间内的动量变化量，表示动量变化的快慢，$\dfrac{\Delta p}{\Delta t}$ 越大，动量变化就越快，物体受到的合外力也就越大。

7. 动能定理和动量定理的比较

表 1.8 - 3

名称	动能定理	动量定理
内容	合外力的总功等于物体动能的变化量	合外力的冲量等于物体动量的变化量
表达式	$W = \dfrac{1}{2}mv_t^2 - \dfrac{1}{2}mv_0^2$	$I = Ft = p' - p = mv' - mv$
矢量性	动能定理是标量式，不考虑方向，只考虑速度的大小和功的正负	矢量式，计算时要考虑方向，一定要先选定一个正方向，与正方向相同的动量、冲量取正值，相反的取负值
意义	动能定理揭示了外力的功是物体动能变化的原因，物体动能的变化由合外力的总功来度量：合外力做多少正功，动能便增加多少，做多少负功，动能便减少多少	动量定理揭示了冲量是物体动量变化的原因，物体动量的变化由物体所受到冲量来决定：动量变化的大小等于合外力的冲量大小。动量变化的方向与合外力的冲量方向相同
优选情况	只涉及位移和速率变化问题优先选用动能定理	只涉及时间和速度变化问题优先选用动量定理
适用范围	恒力作用、变力作用、直线运动、曲线运动都适用	恒力作用、变力作用，直线运动、曲线运动，宏观物体、微观物体，低速、高速运动均适用

1.8.3 动量守恒定律

1. 系统、内力、外力

（1）系统：相互作用的物体通常称为系统。

（2）内力：系统中各物体之间的相互作用力叫内力。

（3）外力：系统之外的外部其他物体对系统的作用力叫外力。

2. 动量守恒定律

（1）内容

一个系统不受外力或者所受外力之和为零时，这个系统的总动量保持不变。

（2）守恒条件

① 系统不受外力或者所受外力之和为零。

② 系统受外力，但外力远小于内力，可以忽略不计。

③ 系统在某一个方向上所受的合外力为零，则在该方向上动量守恒。

（3）公式及意义

① 系统作用前的总动量等于作用后的总动量，即

$$m_1 v_1 + m_2 v_2 = m_1 v_1' + m_2 v_2'$$

② 系统总动量的变化量等于零，即

$$\Delta p = 0$$

③ 组成系统的两个物体的动量变化大小相等，方向相反。其中 Δp_1，Δp_2 分别表示系统内两个物体初、末动量的变化量，即

$$\Delta p_1 = - \Delta p_2$$

（4）对动量守恒定律的理解

① 动量守恒定律是说系统内部物体间的相互作用只能改变每个物体的动量，而不能改变系统的总动量，在系统运动变化过程中的任一时刻，单个物体的动量可以不同，但系统的总动量相同。

② 应用此定律时我们应该选择惯性参考系，不能选择相对地面作变速运动的物体为参照物。

③ 动量是矢量，系统的总动量不变是说系统内各个物体的动量的矢量和不变，等号的含义是说等号的两边不但大小相同，而且方向相同。

（5）动量守恒定律的适用范围

动量守恒定律不仅适用于两个物体所组成的系统，也适用于多个物体组成的系统。

动量守恒定律不仅适用于宏观物体组成的系统，也适用于微观粒子组成的系统。

3. 在应用动量守恒定律处理问题时要注意的问题

（1）矢量性：动量守恒定律是一个矢量式，对于一维运动情况，应选取统一的正方向，凡与正方向相同的动量为正，相反的为负。若方向未知，可假设与正方向相同列出方程，由解得的结果的正负判定未知量的方向。

（2）瞬时性：动量是一个状态量，动量守恒指的是系统任一瞬时的动量恒定，列方程 $m_1 v_1 + m_2 v_2 = m_1 v_1' + m_2 v_2'$ 时，等号左侧是作用前同一时刻各物体的动量和，等号右边是作用后另一相同时刻各物体的动量和，不同时刻的动量不能相加。

（3）相对性：由于动量大小与参考系的选取有关，应用动量守恒定律时，应注意各物体的速度必须是相对于同一惯性参考系的速度，一般以地面为参考系。

1.8.4 碰撞

1. 碰撞的定义

做相对运动的两个（或几个）物体接触而发生相互作用，在很短的时间内，它们的运动状态会发生显著变化，这一过程叫作碰撞。

2. 碰撞的特点

（1）作用时间极短，内力很大（远远大于外力），所以相互有碰撞的物体系统通常都动量守恒。

（2）碰撞中系统动能不增加。

3. 碰撞的分类

（1）弹性碰撞：碰撞前后系统的动量守恒，总动能不变。

（2）非弹性碰撞：碰撞前后系统的动量守恒，碰撞后系统的总动能减少。

（4）完全非弹性碰撞：两物体碰后粘合在一起，以相同的速度运动，碰撞前后系统动量守恒，但机械能有损失且损失最大。

4. 弹性碰撞和非弹性碰撞的区分

（1）从形变的角度：发生弹性碰撞的两物体碰后能够恢复原状，而发生非弹性碰撞的两物体碰后不能恢复原状。

（2）从动能的角度：弹性碰撞的两物体碰撞前后系统总动能不变，非弹性碰撞的两物体碰撞后的系统总动能减少，完全非弹性碰撞中系统的总动能损失最多。

1.8.5 反冲运动——火箭

1. 反冲运动

（1）反冲运动：两个相互作用的物体构成的一个系统，由于一个物体的运动，而引起另一个物体向相反方向的运动叫反冲运动。

（2）反冲运动遵循的物理规律：反冲运动是系统内力作用的结果，虽然有时系统所受的合外力不为零，但由于系统内力远远大于外力，所以系统的总动量是守恒的。此外，虽然系统所受的合外力不为零，但系统在某一方向上不受外力或在该方向上所受外力的合力为零，则系统在该方向上的动量（即总动量在该方向上的分量）是守恒的。

2. 火箭

（1）火箭发射是利用反冲原理

发射火箭时，火箭向后喷射出的高速气体有动量，根据动量守恒定律，火箭获得向上的反冲动量，从而向上飞去。

（2）火箭的组成

火箭主要由壳体和燃料两部分组成，壳体中有运载弹头、人造卫星、空中探测器等物件，燃料部分为氧化剂和燃料（主要为液氢）。

（3）火箭飞行所能达到的最大速度取决于喷气速度和质量比两个条件。

（4）发射卫星要用多级火箭，目前多级火箭一般以三级火箭居多，采用多级火箭是为了增大火箭的质量比，从而提高火箭的最大速度。

1.9　经典力学的成就与局限性

1.9.1　经典力学的成就

1. 经典力学

经典力学通常指以牛顿三大定律为核心的矢量力学，有时也泛指描述低速宏观物体机械运动的经典力学体系。它是整个现代物理学和天文学的基础，也是现代许多工程技术门类的理论基础。

2. 经典力学的巨大成就

（1）把天体运动与地面上物体的运动统一起来。

（2）以经典力学为基础发展起来了天体力学、材料力学和结构力学等。

（3）力学和热力学的发展及其与生产的结合引发了第一次工业革命。

（4）由牛顿运动定律导出的动量守恒定律、机械能守恒定律等是航空航天技术的理论基础。

1.9.2　经典力学的局限性

1. 经典力学

经典力学是从日常机械运动中总结出来的，超出这个范围，经典力学常常就不适用了。

2. 绝对时空观

牛顿认为，时间、空间与物质及其运动完全无关，时间与空间也完全无关。

说明：

（1）对绝对时空观的理解。

① 时间和空间是分离的，时间尺度和空间尺度与物质运动无关，都是绝对的。

② 经典力学的时空观认为，时间就其本质而言是永远均匀地流逝，与任何其他外界事物无关，空间就其本质而言与外界任何事物无关，它从不运动，并且永远不变。

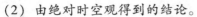

（2）由绝对时空观得到的结论。

① 同时的绝对性：在一个惯性系中的观察者在某一时刻观测到两个事件，对另一个做匀速直线运动的惯性系中的观察者来说是同时发生的，即同时性与观察者的运动状态无关。

② 时间间隔的绝对性：任何事件（或物体的运动）所经历的时间，在不同的参考系中测量都是相同的，而与参考系（或观察者）的运动无关。

③ 空间距离的绝对性：如果各个惯性系中用来测量长度的标准相同，那么空间两点的距离也就有绝对不变的量值，而与惯性系的选择（或观察者的运动状态）无关。

3. 经典力学绝对时空观的局限性

经典力学绝对时空观割裂了时间、空间、物质及其运动之间的联系，不能解释高速运动领域的许多客观现象。

4. 经典力学的运动观及其局限性

从自然观角度来说，经典力学给出的是一幅机械运动的图景，经典力学不适用解决微观领域中物质结构和能量不连续的现象。

1.9.3 经典力学的适用范围

（1）经典力学有它的适用范围：只适用于低速运动，不适用于高速运动。只适用于宏观世界，不适用于微观世界。只适用于弱引力情况，不适用于强引力情况。

（2）对于高速运动（速度接近真空中的光速），需要应用爱因斯坦的相对论。当物体的运动速度远小于真空中的光速时，相对论物理学与经典物理学的结论几乎没有区别。

（3）对于微观世界，需要应用量子力学。当普朗克常量可以忽略不计时，量子力学和经典力学的结论没有区别。

（4）对于强引力情况，需要应用爱因斯坦引力理论。当天体的实际半径远大于它们的引力半径时，爱因斯坦引力理论和牛顿万有引力定律计算得出的力的差异并不是很大。

1.10　电　场

1.10.1　库仑定律

1.　两种电荷

正电荷：用丝绸摩擦过的玻璃棒带正电荷。

负电荷：用毛皮摩擦过的橡胶棒带负电荷。

2.　使物体带电的三种方式

摩擦起电、感应起电、接触起电。

说明：

① 三种起电方式的实质都是电荷（即电子）的转移，电荷的总量不变，而不是产生了电荷。

② 在接触起电中，对于两个完全相同的绝缘金属球接触后分开，两球平分原来的电量之总和。若两球为异种电荷，当它们接触时，先进行中和，再均分。通用计算式：$q_1' = q_2' = \dfrac{q_1 + q_2}{2}$（计算时，$q_1$、$q_2$ 要带正负）。

3.　电荷守恒定律

电荷既不能被创造，也不能被消灭，只能从一个物体转移到另一个物体，或从物体的一部分转移到另一部分，在其转移过程中，电荷的总量不变。

4.　元电荷（e）

一个电子所带的电荷叫元电荷，用 e 表示，电荷量 $e = 1.6 \times 10^{-19}$ C。

说明：

① 元电荷 e 只能取正值，是电子或质子所带电荷量的绝对值。

② 元电荷 e 是电荷量的最小单元，所有带电体的带电量都只能为元电荷 e 的整数倍。

③ 元电荷 e 是美国物理学家密立根通过油滴实验测出的。

5.　比荷 $\dfrac{q}{m}$

带电粒子电荷量 q 与质量 m 的比值叫比荷，也叫荷质比。

6.　点电荷

（1）定义：形状和大小对相互作用的影响可以忽略不计的带电体可以看

作一个带电的点，这样的带电体称为点电荷。

（2）说明：点电荷是一种理想化的物理模型。

（3）物体可看作点电荷的条件：

① 如果带电体间的距离比它们自身的大小大得多，以至于带电体本身的形状和大小对相互作用的影响可以忽略不计时，这样的带电体就可看作点电荷。

② 两个带电的导体球，当不考虑导体上的电荷由于相互作用而重新分布的影响时（即可看作均匀的带电体），也可看作点电荷，电荷之间的距离为两球心之间的距离。

7. 库仑定律

（1）内容：在真空中的两个静止点电荷之间的相互作用力跟它们的电量的乘积成正比，跟它们的距离的平方成反比，作用力的方向在它们的连线上。

（2）公式：

$$F = k\frac{Q_1 Q_2}{r^2}$$

$k = 9.0 \times 10^9 \ \text{N} \cdot \text{m}^2/\text{C}^2$ 为静电力常量。

（3）适用条件：真空、点电荷。

（4）库仑力是按力的性质命名的力，具有力的一切性质，相互作用的两个点电荷之间的作用力满足牛顿第三定律。

（5）当多个点电荷同时存在时，任意两个点电荷间的作用力仍遵守库仑定律。

（6）两个点电荷间的作用力叫静电力，也叫库仑力。

（7）库仑定律是法国物理学家库仑于 1785 年发现的。

1.10.2　电场强度

1. 电场

电荷周围客观存在的一种特殊物质叫电场。电场的基本性质是对放入其中的电荷有电场力的作用，电荷之间的相互作用是通过电场产生的。

2. 电场强度

（1）定义：放入电场中某一点的检验电荷 q 受到的电场力 F 跟它的电量 q 的比值，叫作该点的电场强度，简称场强，用 E 表示。

（2）公式：

$$E = \frac{F}{q}$$

（3）适用范围：比值法定义，适用于所有电场。

说明：

① 场强 E 只由电场本身的性质决定，与电场中是否存在检验电荷 q 及其电量大小、所受电场力 F 大小均无关。

② 检验电荷：放入电场中检验电场的电荷叫检验电荷，也叫试探电荷。检验电荷一是电量要足够小，放入电场后不能影响原电场的性质，二是体积要足够小，从而在电场中的位置可准确描述，即可检验电场中任一点的电场情况。

③ 矢量性：电场强度是矢量，电场中某点的场强方向跟正电荷在该点所受电场力的方向相同，与负电荷在该点所受电场力的方向相反。

注意：电场强度方向并不是由电荷受力方向所决定的，是由电场本身性质决定的，而是电场强度的方向决定了电荷的受力方向。

3. 匀强电场

场强大小处处相等，方向处处相同的电场叫匀强电场。

4. 点电荷周围电场强度公式

$$E = \frac{kQ}{r^2}$$

说明：此式只适用于真空中点电荷产生的电场的计算，其中 Q 为场源电荷的电量，r 为电场中某点到场源电荷 Q 的距离。

5. $E = \dfrac{F}{q}$ 与 $E = \dfrac{kQ}{r^2}$ 的区别与联系

表 1.10 – 1

比较类别	$E = \dfrac{F}{q}$	$E = \dfrac{kQ}{r^2}$
公式来源	定义式，比值定义法定义	推导式、决定式
相关因素	与 F、q 无关，q 为检验电荷电量	与 Q 成正比，与 r 的二次方成反比，Q 为场源电荷电量
适用条件	适用于任何电场	只适用于真空中点电荷产生的电场
联系	$E = \dfrac{kQ}{r^2}$ 是由定义式 $E = \dfrac{F}{q}$ 与库仑定律 $F = k\dfrac{Q_1Q_2}{r^2}$ 一起推导出来的，对点电荷的电场，两个公式都适用，但定义式 $E = \dfrac{F}{q}$ 适用的情况，$E = \dfrac{kQ}{r^2}$ 不一定适用	

1.10.3　电场线

1. 定义

为了形象地描述电场场强的大小和方向而在电场中画出一些假想曲线，使曲线上每一点的切线方向都与该点的场强方向相同，这样的曲线叫电场线。

2. 意义

形象地描述电场的强弱和方向。

电场线的疏密程度反映场强的大小，电场线越密的地方场强越大，越疏的地方场强越小。

电场线上任一点的切线方向表示该点的场强方向。

3. 特点

（1）电场线实际并不存在，是理想化模型，但电场线可以用实验模拟。

（2）静电场的电场线都是起始于正电荷（或无穷远处），终止于负电荷（或无穷远处）。

（3）任意两条电场线永不相交、不相切、不闭合。

注意：电场线不是带电粒子的运动轨迹，仅在某些特殊情况下，带电粒子的运动轨迹才与电场线重合。

4. 几种常见电场的电场线

（1）点电荷电场的电场线（如图 1.10－1 所示）

① 电场线由正电荷（或无穷远）出发，终止于无穷远（或负电荷），成辐射状的直线，正电荷的电场线沿半径向外 ［如图 1.10－1（a）所示］，负电荷的电场线沿半径向内 ［如图 1.10－1（b）所示］。

② 离点电荷越近，电场线越密，场强越大。

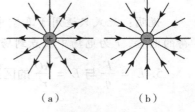

（a）　　　　（b）

图 1.10－1

③ 离同一点电荷距离相同的各点（即在以点电荷为球心的同一球面上），场强大小处处相等，方向各不相同。在点电荷形成的电场中，不存在场强相同的点。

（2）等量异种点电荷电场的电场线（如图 1.10－2 所示）

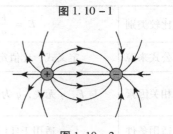

图 1.10－2

① 两点电荷连线上各点电场线方向从正电荷指向负电荷，两点电荷连线上中点处场强最小，在连线上从一个电荷到另一个电荷场强先变小再变大。

② 两点电荷连线的中垂线（面）上各点场强方向均相同，且与中垂线（面）垂直，由正电荷一侧指向负电荷一侧，中垂线上中点处场强最大，从中点往外侧移动，场强变小。

③ 关于中点对称的两点电场强度大小方向均相同。

（3）等量同种点电荷电场的电场线（如图 1.10 - 3 所示）

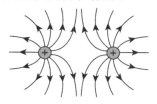

图 1.10 - 3

① 两点电荷连线上中点处场强为零，此处无电场线。中点附近场强不为零，但电场线非常稀疏。在连线上从一个电荷到另一个电荷电场强度先变小再变大。

② 关于中点对称的两点场强大小相等，方向相反。

③ 两点电荷连线的中垂线（面）上场强方向沿线（面）远离中点（等量正电荷）或指向中点（等量负电荷）。两等量正点电荷中垂面上电场线分布如图 1.10 - 4 所示，中点 O 处场强为零，中垂线上从中点往外沿电场线场强先增大后减小。

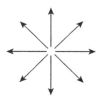

图 1.10 - 4

（4）匀强电场的电场线

匀强电场中各点场强大小方向均相同。如图 1.10 - 5 所示，匀强电场的电场线为平行等间距的直线。

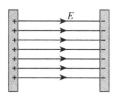

图 1.10 - 5

说明：平行板电容器间的电场除了边缘附近外都是匀强电场。

（5）点电荷和带电平板的电场线

正点电荷和带电平板的电场线如图 1.10 - 6 所示。终止于（或出发于）导体表面的电场线一定与导体表面垂直，其电场线等效于等量异种点电荷的电场线，带电平板相当于等量异种点电荷电场的中垂面。

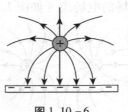

图 1.10－6

1.10.4 等势面

1. 定义

电场中电势相同的各点所构成的面（线）叫等势面（线）。

2. 等势面的特点

（1）等势面上各点电势相等，电势差为零。

（2）在等势面上移动电荷时电场力不做功。

（3）电场线总是由电势高的等势面指向电势低的等势面。

（4）电场线总是与等势面垂直。

（5）任何两个等势面都不相交。

3. 静电平衡

处于静电平衡状态的导体是一个等势体，其表面是一个等势面，其表面和内部各点电势相同（静电平衡是指导体内部和表面均无电荷的定向移动）。

4. 地球

地球是个大导体，处于静电平衡状态的地球以及与它相连的导体是等势体，各处电势相同，通常取其电势为零。

5. 等差等势面

通常取每相邻两等势面间的电势差相等，这样的等势面叫等差等势面，等差等势面密集处，电场强度大。等差等势面稀疏处，电场强度小。

6. 几种常见电场的等势面（线）

（1）点电荷电场的等势面

① 如图 1.10－7 所示，点电荷的等势面是以点电荷为球心的一簇球面，即离点电荷距离相同的各点的电势相同。

② 离正点电荷越近的地方电势越高，离负点电荷越近的地方电势越低。

③ 取无穷远处的电势为零，则正点电荷电场中各点电势为正，负点电荷电场中各点电势为负。

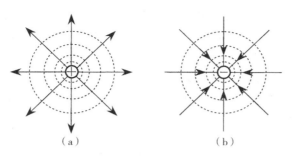

（a）　　　　　　　　（b）

图 1.10 - 7

（2）等量异种点电荷电场的等势面（线）

① 如图 1.10 - 8 所示，等量异种点电荷电场的等势面为两簇对称曲面，从正电荷到负电荷电势越来越低。

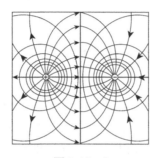

图 1.10 - 8

② 连线的中垂面为等势面，其电势与无穷远处的电势相等，即电势为零。

（3）等量同种点电荷电场的等势面（线）

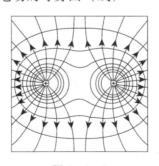

图 1.10 - 9

① 如图 1.10 - 9 所示，等量同种点电荷电场的等势面（或线）为两簇对称曲面，关于连线中点对称处电势相等。

② 等量正点电荷连线上中点的电势最低，中垂线上中点的电势最高，从中点沿中垂线向两侧，电势越来越低。连线上和中垂线上关于中点的对称点电势相等。

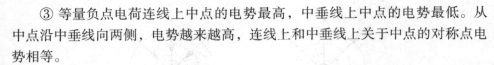

③ 等量负点电荷连线上中点的电势最高，中垂线上中点的电势最低。从中点沿中垂线向两侧，电势越来越高，连线上和中垂线上关于中点的对称点电势相等。

（4）匀强电场的等势面（线）

如图1.10－10所示，匀强电场的等势面（线）为与电场线垂直的平行等间距的平面（或直线）。

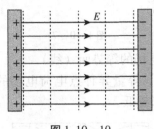

图 1.10－10

1.10.5 电势差、电势和电势能

1. 电势能

（1）定义：电荷在电场中所具有的势能，叫电势能，单位：J。

（2）电势能是电荷和电场共同具有的，由电场和电荷共同决定。

（3）相对性：电势能具有相对性，与零势能点的选取有关，零势能点选取与零电势点的选取一致。

说明：

① 在理论研究中，通常取无穷远处的电势为零。在实际应用中，常取大地的电势为零。电荷在零电势点的电势能为零。

② 只有选择了参考点即零电势能位置之后，电势能才有确定的值。

（3）电场力做功与电势能的关系

$$W_{AB} = E_{pA} - E_{pB} = -\Delta E_p$$

意义：

① 电荷 q 从电场中的一点 A 移动到另一点 B 电场力所做的功 W_{AB} 等于 A、B 两点的电势能 E_{pA} 和 E_{pB} 之差。

②电场力做多少正功，电势能便减少多少；电场力做多少负功，电势能便增加多少。

③电势能变化的多少只取决于电场力做功的多少，与其他力做不做功，做多少功无关。

（5）电场中某点的电势能等于把电荷从该点移到零电势能位置时电场力所做的功。

$$E_{pA} = W_{A\infty}$$

（6）矢量性：电势能是标量，只有大小，没有方向，但有正负，其正负表示电势能的大小（和数学中的正负大小一样），电势能为负表示其电势能比零电势能小。

2. 电势

（1）定义：试探电荷 q 在电场中某点的电势能 E_p 与该电荷电量 q 的比值叫这点的电势。

（2）定义式：

$$\varphi = \frac{E_p}{q}$$

（3）单位：伏特，简称伏，符号 V。

（4）意义：电势是从能量角度描述电场的物理量。

注意：$\varphi = \dfrac{E_p}{q}$ 是比值定义法定义的物理量，电势是由电场本身的性质和空间点的位置决定的，与放入的检验电荷的电势能 E_p、电量 q 及是否放入检验电荷均无关。

（5）相对性：电势具有相对性，与零电势点的选取有关，但电势差是绝对的，与零电势点的选取无关。

在理论研究中，通常取无穷远处的电势为零。在实际应用中，常取大地的电势为零。

（6）矢量性：电势是标量，只有大小，没有方向，但有正负之分，电势为负时表示该点的电势比零电势点低。

（7）电场中某点的电势：在数值上等于单位正电荷由该点移动到参考点（零电势点）时电场力所做的功。

（8）电势高低的判定

① 沿电场线方向，电势降低。

② 正电荷在高电势处电势能大，负电荷在低电势处电势能大。正电荷在电势越高处电势能越大，负电荷在电势越低处电势能越大。

③ 由计算式 $E_p = q\varphi$ 判定，但要注意其正负表示大小，且计算时 q、φ 都要带正负号。

3. 电势差

（1）定义：电场中两点电势的差值叫电势差。电势差通常也称为电压，取电势差的绝对值。

（2）电势与电势差的关系

$$U_{AB} = \varphi_A - \varphi_B = -U_{BA}$$

（3）电势差与电场力做功的关系

$$U_{AB} = \frac{W_{AB}}{q}$$

意义：电荷 q 由电场中一点 A 移动到另一点 B 时，电场力所做的功 W_{AB} 与其电荷量 q 的比值，就叫 A、B 两点的电势差。这也是电势差的另一种定义方式（比值定义法）。

说明：电势差是反映电场本身性质的物理量，两点间的电势差是由电场本身的性质决定的，与移动的电荷 q、移动电荷所做的功 W、移动电荷的路径等都无关。

（4）单位：伏特，简称伏，符号是 V。

说明：如果 1C 的正电荷在电场中由一点移动到另一点，电场力所做的功为 1J，则这两点间的电势差就是 1V，即 $1V = 1J/C$。

（5）电势差的大小：在数值上等于移动单位正电荷时电场力所做的功。

（6）矢量性：电势差是标量，只有大小，没有方向，但有正负，其正负表示两点电势的高低，而不表示大小。

若 $U_{AB} = \varphi_A - \varphi_B > 0$，表明 A 点电势高于 B 点电势。

若 $U_{AB} = \varphi_A - \varphi_B < 0$，表明 A 点电势低于 B 点电势。

4. 电场力的功

（1）特点：电场力的功只与移动电荷的初末位置及移动的电荷电量 q 有关，与移动电荷的路径无关。

（2）电场力的功的计算

① $W_{AB} = qE \cdot x_{AB}\cos\theta$。

上式只适用于匀强电场中电场力的功计算，θ 是电场力与位移 x_{AB} 方向之间的夹角。

② $W_{AB} = qEx$。

上式只适用于匀强电场中电场力的功计算，x 为带电物体在电场力方向上发生的位移（或位移在电场力方向的分量），即电场力的功也等于电场力 qE 与沿电场力方向的位移 x 的乘积。

③ $W_{AB} = qU_{AB}$。

上式适用于任何电场中电场力的功的计算，即将电荷 q 由电场中的一点 A 移到另一点 B 时电场力所做的功等于移动电荷的电量 q 与 A、B 两点电势差 U_{AB} 的乘积。

注意：计算时 q、U_{AB} 都要带正负，结果的正负表示电场力的功的正负。也可以计算时 q、U 都取绝对值，直接在 qU 前面加 "+" "−" 号表示功的正负。

④ $W_{AB} = E_{pA} - E_{pB} = -\Delta E_p$

上式适用于任何电场，意思是电荷 q 从电场中的一点 A 移动到另一点 B 电场力所做的功 W_{AB} 等于 A、B 两点的电势能 E_{pA} 和 E_{pB} 之差。即电场力的功等于电势能的减少量，克服电场力的功等于电势能的增加量。

1.10.6 电势差与电场强度的关系

1. 匀强电场中两点的电势差与电场强度的关系

匀强电场中某两点的电势差 U 等于电场强度 E 与这两点间沿电场线方向的距离 d 的乘积，即

$$U = Ed$$

说明：

① d 是这两点间沿电场方向（即电场线方向）的距离，而不一定是这两点间的距离。

② 此式只适用于匀强电场，在非匀强电场中不能用 $U = Ed$ 进行定量计算，但可以用其进行定性的比较。

2. 由公式 $U = Ed$ 得出的结论

（1）匀强电场中在同一方向上电势降落是均匀的，即同一方向上两点间的电势差与距离成正比。

（2）匀强电场中在同一方向上相同距离的任意两点间的电势差相同。

（3）匀强电场中平行且距离相等的两段距离间的电势差相等。

3. 沿场强方向（即电场线方向）就是电势降低最快的方向

（1）沿电场方向电势降低最快，电势降低最快的方向也只能是电场方向。

（2）沿电场方向电势一定降低，但电势降低的方向不一定是电场的方向。

4. 场强与电势的大小无直接关系

$E = \dfrac{U}{d}$ 表示了场强与电势差的关系，但场强与电势的大小并无直接关系，场强为零的地方电势不一定为零，电势为零的地方场强不一定为零，因为零电势点的选取是任意的。

5. 三个电场强度公式

$E = \dfrac{F}{q}$，定义式，适用于所有电场，与电场力 F 及检验电荷 q 无关。

$E = \dfrac{kQ}{r^2}$，只适用于真空中点电荷产生的电场，与场源电荷 Q 成正比。

$E = \dfrac{U}{d}$，只适用于匀强电场（d 为两点间沿电场方向的距离，其他电场可用此公式定性比较）。

1.10.7 电容器的电容

1. 电容器

（1）构成：两块彼此绝缘且互相靠近的导体便构成电容器。

（2）作用：储存电荷的仪器。

（3）电容器的充放电。

充电过程：如图1.10-11所示，将电容器两极板分别接在电源的两端，两极板带上等量异种电荷的过程就是电容器的充电过程。

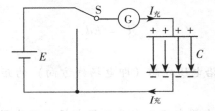

图1.10-11

充电过程：电源的能量转化为板间的电场能。

充电过程：电容器带电量增加，充电电流方向由电源正极流向正极板。

说明：

① 两极板充电后所带电荷为等量异种电荷，分布在极板的内侧。与高电势（如电源正极）连接的极板带正电。

② 电容器带电量Q：每个极板所带电量的绝对值叫电容器的带电量。

③ 充电后板间形成电场。平行板电容器板间形成匀强电场，场强$E = \dfrac{U}{d}$，U为两极板间之间的电势差，d为两极板之间的距离。

放电过程：充了电的电容器的两板用导线相连，使两板上正、负电荷中和的过程。

放电过程：板间的电场能转化为其他形式的能量。

放电过程：电容器带电量减少，放电电流方向从正极板流向负极板，如图1.10-12所示。

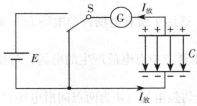

图1.10-12

2. 电容（C）

（1）定义：电容器所带电量 Q 与电容器两极板间的电势差 U 的比值叫作电容器的电容。

（2）定义式：

$$C = \frac{Q}{U} = \frac{\Delta Q}{\Delta U}$$

说明：

① ΔU 为两极板间的电势差的变化量，ΔQ 为电容器带电量的变化量。

② 此式为电容器电容"比值法"定义的定义式，电容器电容与加在电容器上的电压 U 和电容器所带电量 Q 无关，只由电容器本身的性质决定，如极板正对面积，极板间距离及板间电介质等。

（3）电容的意义：表示电容器容纳电荷的本领大小的物理量。

（4）单位：法拉（F）。　　　　　　　　$1F = 1C/V$。

常用单位有微法（μF）和皮法（pF）。　　$1F = 10^6 \mu F = 10^{12} pF$。

3. 平行板电容器的电容

平行板电容器的电容与两平行极板正对面积 S 成正比，与电介质的相对介电常数 ε 成正比，与极板间距离 d 成反比，即

$$C = \frac{\varepsilon S}{4\pi kd}$$

说明：ε 为板间电介质的相对介电常数，即电容器极板间充满电介质时电容增大的倍数。两板间为真空时相对介电常数 $\varepsilon = 1$，其他任何电介质的相对介电常数 ε 都大于 1。

注意：

$C = \dfrac{Q}{U}$，定义式，适用于所有电容器。

$C = \dfrac{\varepsilon S}{4\pi kd}$，决定式，仅适用于平行板电容器，对非平行板电容器可定性比较。

4. 电容器的击穿电压与工作电压

击穿电压：加在电容器两极板上的电压不能超过某一限度，超过这个限度，电介质将被击穿，电容器损坏，这个极限电压称为击穿电压。

工作电压：电容器外壳上标的是工作电压，或称额定电压，是电容器长期正常工作所允许加的最大电压，这个数值比击穿电压低。

5. 两个重要结论

（1）电容器充电后，保持电容器的两极板与电路相连接（且电路结构不变）时，两极板间的电势差 U 不变。

（2）电容器充电后与外电路断开，则电容器两极板的带电量不变，此时若只改变两板间距离 d 时，两板间的电场强度 E 不变。

6. 常见电容器的介绍

（1）固定电容器：如聚苯乙烯电容器、纸质电容器、陶瓷电容器、电解电容器等。

固定电容器电路符号：

电解电容器电路符号：

（2）可变电容器：电容可变，电路符号为 ，常用作传感器。

（3）电容传感器

① 测定角度 θ 的电容传感器 ［如图 1.10-13（a）所示］。如图 1.10-13（b）所示，当动片与定片之间的角度 θ 发生变化时，电容器的正对面积 S 改变，使电容 C 变化，即知道了 C 的变化，也就知道了 θ 的变化——θ 增大时，正对面积 S 减小，C 减小。

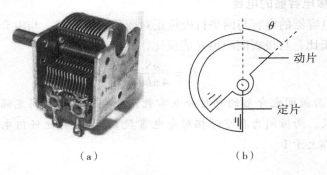

（a）　　　　　　　　　　（b）

图 1.10-13

② 测定液面高度 h 的电容式传感器。如图 1.10-14 所示，h 发生变化时，引起正对面积 S 的变化，从而使电容 C 变化。即知道了 C 的变化，就知道 h 的变化——h 变大，S 变大，C 变大。

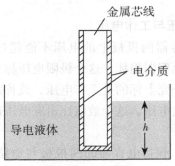

图 1.10-14

③ 测定压力 F 的电容式传感器。如图 1.10 – 15 所示，待测压力 F 作用于可动膜片电极上时，膜片发生形变，使电容器两极间的距离 d 变化，引起电容变化，然后就可知道 F 的变化——待测压力 F 增大，d 减小，C 增大。

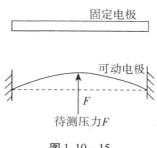

图 1.10 – 15

④ 测定位移 x 的电容式传感器。如图 1.10 – 16 所示，随着电介质进入极板间的长度发生变化，电容 C 发生变化，即知道了 C 的变化，也就知道了 x 的变化——x 变大，C 增大。

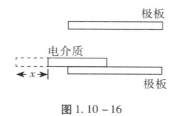

图 1.10 – 16

7. 电容器的 $u - q$ 图像和储能

电容器的 $u - q$ 关系：$u = \dfrac{q}{C}$。

电容器的 $u - q$ 图像：过原点的倾斜直线，如图 1.10 – 17 所示。（正比例函数图像）

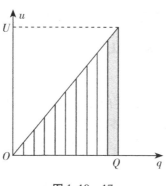

图 1.10 – 17

图像斜率：表示电容器电容 C 的倒数，即 $k = \dfrac{1}{C}$。

图像面积：表示电容器极板间储存的电能 E——直线跟 q 轴所夹的面积在数值上等于充电时电源对电容器所做的功，也就是储存在电容器内的能量。于是，对一个具有固定电容的电容器来说，其储存的能量为

$$E = W = \frac{1}{2}QU = \frac{Q^2}{2C}$$

8. 静电计

（1）作用

如图 1.10 – 18 所示，静电计是测定电容器电势差的一种仪器，不能用电压表或电流表代替。

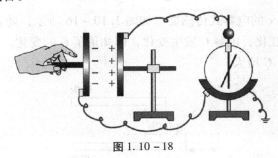

图 1.10 – 18

（2）特点

① 静电计的指针随电势差的增大而增大。

② 若电容器充电后与电源断开（如图 1.10 – 18 所示），则电容器的电量几乎不变，若电容器充电后始终保持与电路连接，则两板间电势差不变。

1.10.8 带电粒子在匀强电场中的运动

见本书第二部分习题结论"带电粒子在匀强电场中的偏转"。

1.10.9 静电的应用和防止

1. 静电平衡

（1）定义：导体内部及表面均无自由电荷的定向移动的现象叫静电平衡。

（2）处于静电平衡状态的导体的特点

① 处于静电平衡状态的导体，内部的电场强度处处为零，这里的场强指的是合场强。

② 处于静电平衡状态的导体，电场线与其表面垂直。

③ 处于静电平衡状态的导体是个等势体，表面是等势面，且表面和整个

导体的电势相同。

④ 导体内部没有电荷，电荷（净电荷）只分布在导体的外表面。

⑤ 在导体外表面，越尖锐的位置电荷的密度（单位面积的电荷量）越大，凹陷的位置几乎没有电荷。

2. 静电屏蔽

静电平衡时，金属壳或金属网的空腔内电场强度为零，外电场对壳（网）内的仪器不会产生影响，金属壳（网）的这种作用叫静电屏蔽。

注意：未接地金属球壳（或网）可以屏蔽外部电场，但不能屏蔽内部电场，即内部电场对网外空间仍有影响。若金属球壳（或网）接地的话，既能屏蔽外部电场，使内部空间不受外部电场的影响，也可以屏蔽内部电场，使外部空间不受壳（或网）内电场的影响。

3. 静电的应用

（1）利用静电能吸引轻小物体及同种电荷相互排斥，异种电荷相互吸引的应用有：静电喷涂、静电喷雾、静电除尘、静电植绒、静电复印、激光打印等。

（2）利用高压静电产生的电场的应用有：静电保鲜、静电灭菌、对农作物种子处理等。

（3）利用静电平衡状态导体特征的应用有：静电屏蔽。

（4）利用静电放电产生臭氧的应用有：灭菌消毒。

4. 静电的危害

（1）雷雨云的雷鸣闪电——引起雷击。

（2）静电火花——引起火灾、爆炸等。

（3）静电放电——引起电子设备故障，造成电磁干扰。

（4）静电放电——造成集成电路和精密的电子元件的击穿。

（5）工业中的静电危害——静电对电子工业、胶片和塑料工业、造纸和印刷工业、纺织工业等都会造成危害。

5. 静电危害的防止

（1）要尽快导走多余电荷，避免静电积累。

（2）调节空气的湿度。

（3）保持通风，消除静电火花的引爆条件。

1.11 恒定电流

1.11.1 电流

1. 电流的形成
电荷的定向移动形成电流。

2. 形成电流的条件
（1）要有能自由移动的电荷——自由电荷。

（2）导体两端存在电压（即电势差）。

说明：

① 金属导体内部的自由电荷是自由电子，其电流是自由电子定向移动形成的。

② 电解液中的自由电荷是正负离子，其电流是正负离子同时向相反方向定向移动形成的。

③ 气体导电时的自由电荷有正离子、负离子以及电子，其电流是它们同时向相反方向定向移动形成的。

注意：导体中有电流时，其中的自由电荷并不是以同样的速率向一定的方向同步走，由于自由电子频繁与金属正离子碰撞，它们只是在不断地做无规则运动中总体上有了"定向移动"。

3. 电流的方向
① 规定：正电荷定向移动的方向为电流的方向。

② 金属导体中，电流的方向与自由电子定向移动的方向相反。电解液导电时，电流的方向与正离子的定向移动的方向相同，与负离子定向移动的方向相反。

③ 在如图 1.11－1 所示电路中，电源外电路中的电流方向从电源正极流向负极（由高电势点流向低电势点），电源内部电路中电流从电源负极流向正极（从低电势点流向高电势点）。

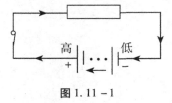

图 1.11－1

4. 导线中的电场

在电源正、负极之间连一根导线，导线内很快形成沿导线方向的恒定电场。

导线内的电场，是由电源、导线等电路元件所积累的电荷共同形成的，尽管这些电荷也在移动，但有的流走了，另外的又来补充，所以电荷的分布是稳定的，电场的分布也稳定，即形成恒定电场。

1.11.2　电流强度

1. 定义

通过导体横截面的电量 Q 跟通过这些电量所用时间 t 的比值称为电流，也叫电流强度。

2. 定义式

$$I = \frac{Q}{t}$$

3. 单位

安培（符号 A），$1A = 1C/s$。

意义：如果在 1s 内通过导体横截面的电量为 1C，则导体中的电流为 1A，即 $1A = 1C/s$。

注意：安培（A）是国际单位制中的基本单位之一。

4. 矢量性

电流强度是标量，只表示电流强弱，虽有流向，但不遵从矢量法则。

5. 电流大小

电流 I 与 Q、t 均无关，与导体的横截面积也无关，电流的大小是由导体本身及两端的电压决定的，不能说 I 与 Q 成正比，与 t 成反比。

6. 电流强度的微观表达式

$$I = nqvS$$

说明：此式是电流的微观决定式。电流 I 与 n、q、v、S 均有关，n 为单位体积内的自由电荷数，q 是自由电荷的电量，v 是自由电荷定向移动的平均速率，S 是导体的横截面积。

1.11.3　部分电路的欧姆定律

1. 内容

导体中的电流 I 跟它两端的电压 U 成正比，跟它的电阻 R 成反比。

2. 公式

$$I = \frac{U}{R}$$

3. 适用范围

（1）欧姆定律适用于导体和电解液导电，不适用于气体导电。

（2）欧姆定律只适用于纯电阻电路，而不适用于非纯电阻电路。

4. 导体的伏安特性曲线

① 伏安特性曲线的意义

描述导体的电流 I 随导体两端电压 U 变化的关系图像。

② 伏安特性曲线的特点

若图像是过原点的倾斜直线，这样的元件叫线性元件［如图1.11-2（a）和图1.11-2（c）所示］。

若图像为曲线，这样的元件叫非线性元件［如图1.11-2（b）和图1.11-2（d）所示］。

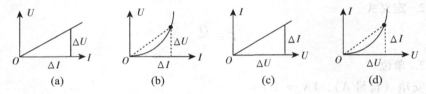

图1.11-2

③ 伏安特性曲线斜率的意义

$U-I$ 图像［如图1.11-2（a）所示］的斜率表示电阻，即 $k = \dfrac{\Delta U}{\Delta I} = R$。若图像为曲线，应为曲线上某点到原点连线的斜率［如图1.11-2（b）］才表示电阻 R，而不是该点切线的斜率表示电阻。

$I-U$ 图像［如图1.11-2（c）所示］的斜率表示电阻的倒数，即 $k = \dfrac{\Delta I}{\Delta U} = \dfrac{1}{R}$。若图像为曲线，应为曲线上某点到原点连线的斜率［如图1.11-2（d）］表示电阻的倒数 $\dfrac{1}{R}$，而不是该点切线的斜率表示电阻的倒数。

5. 二极管的特性

（1）二极管是用半导体材料制成的一种电子器件，它有两根引线（如图1.11-3所示），引线 A 是二极管的正极，引线 B 是二极管的负极。

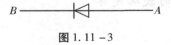

图1.11-3

（2）二极管的特性：具有单向导电性，其正向电阻很小，反向电阻很大。

（3）二极管的伏安特性曲线（如图1.11-4所示）。

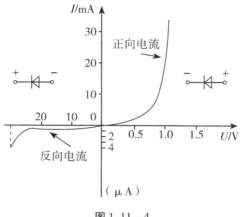

图 1.11 - 4

二极管的伏安特性曲线表明：

① 二极管加正向电压，即引线 A 接电源正极，引线 B 接电源负极时，二极管将导通。施加较小的电压，亦可使通过二极管的电流较大。正向伏安特性曲线不是过原点的直线，说明二极管是非线性元件。

② 二极管加反向电压（不太高），即引线 A 接电源负极，引线 B 接电源正极时，二极管将处于截止状态，通过二极管的电流很小（对于硅二极管，只有几微安）——说明二极管具有单向导电性。

③ 当二极管上加上较高的反向电压时，二极管的反向电流才急剧变大，二极管将被击穿，此时的电压称为击穿电压。通常二极管工作时所加的反向电压低于击穿电压。

1.11.4 电阻、电阻定律

1. 电阻 R

（1）定义

导体两端的电压 U 与通过导体的电流 I 的比值叫大小叫做电阻。

（2）定义式

$$R = \frac{U}{I}$$

（3）单位：欧姆，用 Ω 表示，常用单位还有 $k\Omega$ 和 $M\Omega$。

$$1k\Omega = 10^3\Omega, \quad 1M\Omega = 10^6\Omega$$

（4）意义：表征导体对电流阻碍作用的大小。

注意：$R = \dfrac{U}{I}$ 是电阻 R 的比值定义法定义式，导体的电阻是由导体本身的性质决定的，与导体两端的电压 U 和通过导体的电流 I 无关。

2. 电阻定律

（1）内容

导体的电阻 R 与它的长度 L 成正比，与它的横截面积 S 成反比，这就是电阻定律。

（2）公式

$$R = \rho \frac{L}{S}$$

说明：此式是电阻 R 的决定式，其中 ρ 是比例系数，叫导体的电阻率。

（3）电阻率 ρ

① 电阻率 ρ 是表示材料导电性能的物理量，电阻率 ρ 越大，表示材料的导电性越差，电阻率 ρ 越小，表示材料的导电性越好。

② ρ 的单位：欧姆·米，$\Omega \cdot m$。

③ ρ 的大小：材料的电阻率 ρ 在数值上等于这种材料制成的长为 $1m$、横截面积为 $1m^2$ 的导体的电阻。

④ 不同的材料电阻率不同：纯金属的电阻率较小，合金的电阻率较大。

⑤ 各种材料的电阻率随温度的变化而变化。

金属的电阻率随温度的升高而增大——可用来制作电阻温度计。

大部分半导体材料的电阻率随温度的升高而减小——可用来制作热敏电阻。

某些合金的电阻率几乎不受温度的影响 —— 可用来制作标准电阻。

注意：

① $R = \dfrac{U}{I}$ 是电阻的定义式，而 $R = \rho \dfrac{L}{S}$ 是电阻的决定式，即导体电阻是由导体本身的性质决定的。

② 电阻 R 表征的是导体对电流阻碍作用的大小，而电阻率 ρ 是反映导体材料导电性能好坏的物理量，电阻率 ρ 越小，导体的材料导电性能越好，但电阻 R 不一定小（即其对电流的阻碍作用不一定小），还与导体的长度和横截面积有关。

1.11.5 半导体、超导体

1. 半导体

导电能力介于导体和绝缘体之间的物质，电阻率 ρ 值范围为 $10^{-5}\Omega \cdot m \sim 10^{7}\Omega \cdot m$，$\rho$ 值随温度的变化具有"反常"规律，即温度越高，电阻率越小，可理解为温度越高，激发出来的自由移动的电荷越多。

2. 半导体特性

（1）热敏性：大部分半导体对温度敏感，温度升高，电阻率显著减小。

PTC：正温度系数热敏电阻，其电阻值随着温度的升高呈阶跃性的增大。

NTC：负温度系数热敏电阻，其电阻率随温度的升高而逐渐减小。

（2）光敏性：对光敏感，有光照时电阻率显著减小。

（3）对杂质敏感：掺入少量杂质会使导电性能明显改变。

3. 超导现象和转变温度

超导现象：大多数金属在温度降低到某一数值时，出现电阻突然降为零的现象，这种现象叫超导现象。

转变温度：导体由常态转变成超导状态的温度，叫临界转变温度，用 T_C 表示。

1.11.6　电阻的串联和并联

1. 串联电路

（1）串联电路中各处的电流相等。

（2）串联电路两端的总电压等于各部分电路电压之和。

（3）串联电路的总电阻等于各部分电路电阻之和，$R = R_1 + R_2 + R_3 + \cdots + R_n$。

（4）串联电路的总电阻大于其中任一部分电路的电阻，且当一个大电阻和一个小电阻串联时，总电阻接近大电阻。

（5）串联电路中各电阻两端的电压跟它的阻值成正比，即 $\dfrac{U_1}{R_1} = \dfrac{U_2}{R_2} = \cdots = \dfrac{U_n}{R_n} = I$。

2. 并联电路

（1）并联电路的总电流等于各支路电流之和，即 $I = I_1 + I_2 + I_3 + \cdots + I_n$。

（2）并联电路的总电压与各支路电压相等。

（3）并联电路总电阻的倒数等于各支路电阻的倒数之和，即 $\dfrac{1}{R} = \dfrac{1}{R_1} + \dfrac{1}{R_2} + \dfrac{1}{R_3} + \cdots + \dfrac{1}{R_n}$。

（4）并联电路的总电阻小于其中任一支路的电阻，且当一个大电阻和一个小电阻并联时，总电阻接近小电阻。

（5）并联电路中通过各支路电阻的电流跟它们的阻值成反比，即 $I_1 R_1 = I_2 R_2 = \cdots = I_n R_n$。

（6）n 个相同的电阻 R 并联，总电阻为一个电阻的 n 分之一，即 $R_并 = \dfrac{R}{n}$。

注意：多个电阻无论串联还是并联，其中任一电阻增大，总电阻也随之增大，任一电阻减小，则总电阻减小。断开任一并联支路，整个电路总电阻增大，增加任一并联支路，整个电路总电阻减小。

1.11.7 电表的改装与校对

见本书第三部分"电表的改装与校对"。

1.11.8 滑动变阻器分压、限流接法及选取原则

见本书第三部分"滑动变阻器的使用"。

1.11.9 伏安法测电阻电流表内外接法的误差及电路选取原则

见本书第三部分"伏安法测电阻电流表内外接法对比"。

1.11.10 电功和电功率

1. 电功

（1）电功的实质

电流将电能转换成其他形式能量的过程所做的功即为电功。电流做功实际上就是电场力做功，电流做功的过程就是电荷的电势能转化为其他形式能的过程。

（2）电功的大小

电功的大小等于移动的电荷电量 q 与移动的两点间电势差 U 的乘积，也等于通电电压 U、电流 I 及通电时间 t 三者乘积，即

$$W = qU = UIt$$

（3）适用范围：适用于任何电路电功的计算。

2. 电功率

（1）定义

电流所做的功 W 跟做这些功所用时间 t 的比值叫电功率，即

$$P = \frac{W}{t} = UI$$

（2）适用范围：适用于任何电路电功率的计算。

（3）意义：表示电流做功的快慢，电功率越大，电流做功越快。

（4）电功率在数值上等于单位时间内电流所做的功。其大小与电流做功 W 的多少及做功时间 t 均无关。

3. 焦耳定律

（1）内容

电流通过电阻时产生的热量与电流的平方成正比，与电阻大小成正比，与

通电时间成正比，即

$$Q = I^2Rt$$

（2）适用范围：焦耳定律适用于任何导体发热的计算。

（3）焦耳定律是英国科学家焦耳用实验直接得到的。

4. 热功率

（1）定义

电阻通电所产生的热量 Q 与产生这些热量所用时间 t 的比值叫作热功率，即

$$P_热 = \frac{Q}{t} = I^2R$$

（2）适用范围：适用于任何导体热功率的计算。

（3）热功率在数值上等于单位时间内导体通电所产生的热量，但其大小与产生的热量 Q 的多少及通电时间 t 均无关。

5. 纯电阻电路与非纯电阻电路

（1）纯电阻电路

① 电流通过用电器时以发热为目的，电能只转化为内能的电路叫纯电阻电路。

② 服从欧姆定律，即 $I = \dfrac{U}{R}$。

③ 电功 $W = UIt = I^2Rt = \dfrac{U^2}{R}t$，电功率 $P = UI = I^2R = \dfrac{U^2}{R}$。

（2）非纯电阻电路

① 电流通过用电器时以转化为内能以外的其他形式能量为主要目的，即能量除了转化为内能外，主要转化为其他形式的能量，这样的电路叫非纯电阻电路。

② 不服从欧姆定律，即 $I \neq \dfrac{U}{R}$。

电功 $W = UIt > I^2Rt \neq \dfrac{U^2}{R}t$，电功率 $P = UI > I^2R \neq \dfrac{U^2}{R}$。

1.11.11 电源的电动势

1. 电源

（1）电源的作用：保持导体两端的电势差（即电压），使导体中有持续的电流。

（2）电源的工作原理：在电源内部非静电力做功，将其他形式的能量转化为电势能（即电能）。在电源的外部电路，静电力做功，把电势能（电能）转化为其他形式的能量。

（3）非静电力的作用：把正电荷从电源负极搬运到正极，同时在该过程中通过非静电力做功，将其他形式的能量转化为电势能（即电能），使电荷的电势能增加。

（4）非静电力特例：在干电池中，非静电力是化学作用，它使化学能转化为电势能。在发电机中，非静电力是电磁作用，它使机械能转化为电势能。

2. 电动势

（1）定义

电动势即电子运动的趋势。电源内非静电力将电荷从负极移动到正极所做的功 W 与移动的电荷电量 q 的比值叫该电源的电动势（比值法定义）。

（2）定义式

$$E = \frac{W}{q}$$

（3）意义

描述电源把其他形式的能量转化为电能本领大小的物理量。

（4）决定因素

电动势的大小由电源本身的性质决定，即由电源中非静电力的特性决定（电源两极的材料、电解液等），跟电源的体积无关，跟外电路无关。与非静电力移动电荷 q 所做的功 W 及 q 的大小均无关。

（5）电动势的大小

① 等于外电路断开时电源两极间的电压，即电源的开路电压。

② 等于外电路断开时电压表直接测得的电源两极间的电压。

③ 在闭合电路中，电源电动势 E 等于内外电路上的电压（电势降落）之和，即

$$E = U_内 + U_外$$

④ 电动势在数值上等于非静电力将单位正电荷（即1C的正电荷）从电源负极移动到正极时所做的功。

1.11.12 闭合电路欧姆定律

1. 内容

闭合电路中的电流 I，跟电源的电动势 E 成正比，跟内外电阻之和成反比。

2. 公式

$$I = \frac{E}{R + r} \text{ 或 } E = I(R + r)$$

3. 适用条件

只适用于外电路为纯电阻电路的情况。

4. **路端电压**

$$U = E - Ir$$

（1）当外电阻 R 增大时，电流 $I = \dfrac{E}{R + r}$ 减小，路端电压 $U = E - Ir$ 增大，即电源的路端电压随外电阻的增大而增大，随外电阻的减小而减小。

（2）当外电路断开时，$R = \infty$，$I = 0$，路端电压 $U = E$，即电源的开路电压等于电源的电动势。

（3）当外电路短路时，$R = 0$，短路电流 $I_0 = \dfrac{E}{r}$，路端电压 $U = 0$。

5. **电源的特性曲线，即 $U - I$ 图像**

（1）图像意义

表示电源的路端电压 U 随通过电源电流 I 的变化关系图像，也称电源特性曲线。

（2）$U - I$ 关系式

$$U = E - Ir$$

（3）图像特点

电源的特性曲线为一次减函数，是一条倾斜向下的直线（如图 1.11 - 5 所示）。

说明：电源路端电压 U 随 I 变化的本质原因是电源有内阻。

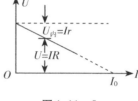

图 1.11 - 5

（4）由图像得到的物理量

图像斜率的绝对值表示电源的内阻 r，

即 $r = |k| = \left| \dfrac{\Delta U}{\Delta I} \right|$。

纵轴的截距表示电源的电动势 E。

横轴的截距表示短路电流 $I_0 = \dfrac{E}{r}$。

注意：纵轴的起点从零开始时，横轴截距才是短路电流，即电源的短路电流对应的路端电压必为零。

（5）U 随 I 变化的本质原因是电源有内阻。

（6）图像上每一点的坐标的乘积为电源的输出功率，即 $P_{出} = UI$。

1.11.13　电源的功率和效率

1. **电源的总功率**

电源的总功率等于电源电动势 E 与通过电源电流 I 的乘积，也等于电源内外电路上消耗的电功率之和，即

$$P = EI = P_内 + P_出$$

2. 电源的内部功率

电源内部也是一段电路，也要消耗电功率，内部电路消耗的电功率实际是内电阻发热的功率，即

$$P_内 = U_内 I = I^2 r$$

3. 电源的输出功率

外电路消耗的电功率就是电源的输出功率，也等于电源的总功率与内电路消耗的电功率之差，即

$$P_出 = UI = EI - I^2 r$$

4. 电源的效率

电源的输出功率与总功率的百分比叫电源的效率。

$$\eta = \frac{P_出}{P} \times 100\% = \frac{U}{E} \times 100\%$$

说明：以上四个关系式既适用于纯电阻外电路，也适用于非纯电阻外电路。

5. 纯电阻电路中电源的效率和输出功率

纯电阻外电路如图 1.11 - 6 所示，E 为电源电势，r 为电源内阻，U 为电源的路端电压，I 为电源电流，R 为外电阻。

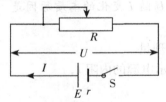

图 1.11 - 6

（1）电源的效率

$$\eta = \frac{UI}{EI} \times 100\% = \frac{IR}{I(R + r)} \times 100\% = \frac{1}{1 + \dfrac{r}{R}} \times 100\%$$

结论：对纯电阻电路，外电阻越大，电源的效率越高。

（2）电源的输出功率

$$P_出 = UI = I^2 R = \frac{E^2 R}{(R + r)^2} = \frac{E^2}{\dfrac{(R - r)^2}{R} + 4r}$$

电源的输出功率与外电阻的关系图像如图 1.11 - 7 所示：

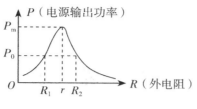

图 1.11 – 7

① 当外电阻 $R = r$ 时，电源的输出功率最大且最大值为 $P_{\text{m}} = \dfrac{E^2}{4r}$，但此时电源的效率并不是最大，只有 50%。

② 当外电阻 R 越接近电源内阻 r 时，电源的输出功率越大，当外电阻 R 偏离电源内阻 r 越远，电源的输出功率越小。

③ 当电源的输出功率 $P_0 < P_{\text{m}}$ 时所对应的外电阻两个值分别为 R_1、R_2，则满足关系式：$R_1 \cdot R_2 = r^2$。

注意：

① 对于定值电阻，当其两端的电压（或通过其电流）最大时，其消耗的功率最大。

② 对于可变电阻，可把其他电阻看作电源内阻的一部分（串联或并联），即与电源一起组成新的等效电源，当所求可变外电阻与等效电源的内阻相等时，等效电源输出功率最大，也即可变外电阻消耗的功率最大。

1.12 磁　场

1.12.1 磁场、磁感线

1. 磁场

（1）定义

磁体、电流和运动电荷周围存在的一种客观存在的特殊物质，叫磁场。

（2）磁场的基本性质

磁场对放入其中的磁极或电流产生力的作用。所有与磁现象有关的相互作用，都是通过磁场发生的。

（3）磁场的方向

规定磁场中任一点小磁针北极（N极）的受力方向或自由小磁针静止时北极的指向就是该点的磁场方向。

注意：磁场方向是由磁场本身性质决定的，并不是由放在磁场中的小磁针的北极（N极）受力方向或自由小磁针静止时北极的指向决定，而是磁场方向决定了小磁针北极的受力方向或静止时北极的指向，故反过来可以根据其北极受力方向或静止时指向判定磁场的方向。

2. 磁现象的电本质

磁铁的磁场和电流的磁场一样，都是由电荷的运动产生的。

安培分子电流假说：他认为在原子、分子内部总存在一种环形电流——分子电流，分子电流使其两侧相当于两个磁极。

如图 1.12-1 所示为电子的运动形成的分子电流，其产生的磁场等价为一个"小磁体"的磁场。

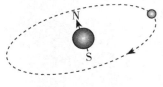

图 1.12-1

安培把磁体的磁场和电流的磁场都归结为电流的作用，揭示了磁的本质。即安培分子电流假说说明一切磁现象都是由电荷的运动产生的。

3. 磁感线

（1）定义

在磁场中画出的一系列曲线，使曲线上任一点的切线方向与该点的磁场方向相同，这样的曲线叫磁感线。

注意：磁感线实际并不存在，不是理想化模型，是为了形象地描述磁场的强弱和方向而引入的假想曲线，但可以用实验进行模拟。

（2）磁感线的特点

① 磁感线的切线方向表示该点的磁场方向，磁感线的疏密表示磁场的强弱，磁感线越密的地方磁场越强。

② 磁感线不相交，也不相切。

③ 磁场中任何一条磁感线都是闭合曲线。

注意：电场线始于正电荷，止于负电荷，是不闭合的曲线，而磁感线是闭合曲线。

④ 没有画磁感线的地方并不表示那里没有磁场。

⑤ 磁场中磁感线的切线方向、磁场方向、小磁针北极受力方向、自由小磁针静止时北极指向、磁感应强度方向均相同，都是指同一方向。

4. 常见磁场的磁感线

（1）条形磁铁和蹄形磁铁的磁感线

条形磁铁的磁感线［如图 1.12 - 2（a）所示］和蹄形磁铁的磁感线［如图 1.12 - 2（b）所示］都是从 N 极出发，S 极进入，形成闭合的曲线，蹄形磁铁间除边缘外的磁场近似为匀强磁场。

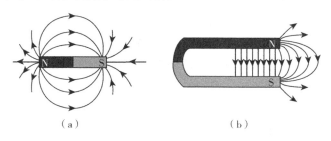

（a）　　　　　　　　　　　　（b）

图 1.12 - 2

（2）直线电流磁场的磁感线

判断方法：右手定则——如图 1.12 - 3（a）所示，用右手握住直导线，让伸直的大拇指所指的方向与电流方向一致，弯曲四指所指的方向就是磁感线的环绕方向。

特点：如图 1.12 - 3（b）所示，直线电流的磁感线是一些以导线上各点为圆心的同心圆，这些同心圆都在跟导线垂直的平面上，离直导线越近的地方磁场越强，越远的地方磁场越弱，是非匀强磁场。

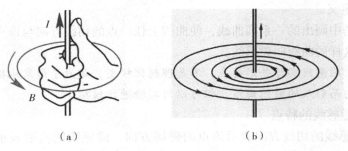

（a）　　　　　　　　　　　（b）

图 1.12 - 3

（3）环形电流磁场磁感线

判断方法：右手定则——如图 1.12 - 4（a）所示，让右手弯曲的四指和环形电流方向一致，伸直的大拇指所指的方向就是环形电流中心轴线上磁感线的方向。

特点：如图 1.12 - 4（b）所示，其磁场相当于小磁针周围产生的磁场。

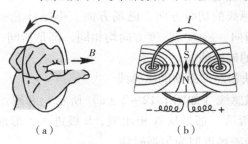

（a）　　　　　　　　　　　（b）

图 1.12 - 4

（4）通电螺线管磁场磁感线

判断方法：右手定则——如图 1.12 - 5（a）所示，用右手握住螺线管，让弯曲的四指所指的方向跟电流的环绕方向一致，大拇指所指的方向就是螺线管内部磁感线的方向。

特点：如图 1.12 - 5（b）所示，螺线管的磁场相当于条形磁铁的磁场，在螺线管内部是匀强磁场。

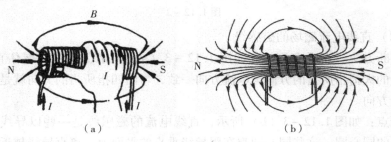

（a）　　　　　　　　　　　（b）

图 1.12 - 5

（5）匀强磁场的特点及磁感线

内部磁场大小处处相等，方向处处相同磁场叫匀强磁场。

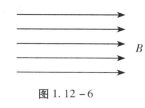

图 1.12 - 6

如图 1.12 - 6 所示，匀强磁场的磁感线是互相平行且间距相等的直线。

（6）地磁场的磁感线

地球是个大磁体，地球内部和外部都存在着磁场，地磁场与条形磁铁的磁场相似，其磁场示意图如图 1.12 - 7 所示：

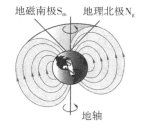

图 1.12 - 7

① 地磁场的 N 极在地理南极附近，S 极在地理北极附近，地磁南北极的连线偏离地轴约 11.5°。

② 在地球表面上方，磁感线方向从地理南极指向北极，在地磁南极和北极，地磁场方向沿竖直方向，地理北极磁感线方向向下，地理南极磁感线方向向上，在其他地方，地磁场与水平面成一定角度，这个角度叫磁倾角。

③ 在赤道平面上，地磁场与地球表面平行，且距离地球表面高度相等的各点，磁感应强度相同，方向水平向北。

④ 地磁场 B 的水平分量总是从地球的南极指向北极，而竖直分量在南半球垂直地面向上，在北半球垂直地面向下。

1.12.2　磁感应强度 B

1. 定义

在磁场中垂直于磁场方向放置的通电直导线，受到的磁场力 F 跟电流 I 和导线长度 L 的乘积 IL 的比值，叫作该处的磁感应强度（比值法定义）。

2. 定义式

$$B = \frac{F}{IL}$$

3. 矢量性

磁感应强度是矢量，方向就是该处磁场的方向，与小磁针北极（N）在磁场中的受力方向或自由小磁针静止时北极（N）的指向相同，注意它不是磁场中电流所受磁场力的方向。

4. 单位

特斯拉，简称特（符号 T），$1T = 1N/(A \cdot m)$。

5. 意义

表示磁场强弱的物理量。

6. 对磁感应强度的理解

（1）磁感应强度是反映磁场强弱的物理量，它是用比值法定义的物理量，由磁场自身决定，与是否引入电流元、引入的电流元是否受力及受力大小无关。

（2）因为通电导线取不同方向时，其受力大小不相同，故在定义磁感应强度时，式中 F 是指通电直导线垂直磁场放置时受到的磁场力。

说明：

① 当通电直导线与磁场方向不垂直时，定义式 $B = \dfrac{F}{IL}$ 中的 L 应取通电导线在垂直于磁场方向的投影长度（即有效长度）。

② 当通电导线为曲线时，定义式 $B = \dfrac{F}{IL}$ 中的 L 应取通电导线首尾两端的连线在垂直于磁场方向的投影长度（即有效长度）。

③ 当磁场为非匀强磁场时，通电导线应足够短。

7. 磁场的叠加

空间中如果同时存在两个以上的电流或磁体在该处激发的磁场，该处的磁感应强度 B 是各电流或磁体在该点产生的磁感应强度的矢量和，且遵从平行四边形法则。

1.12.3 安培力

1. 定义

磁场对电流的作用力叫安培力。

2. 大小

（1）当 B、I（L）互相垂直时，

$$F = BIL$$

（2）当 B 与 I（L）成夹角为 θ 时，

$$F = BIL \sin \theta \ \text{或} \ F = BIL'$$

说明：L' 是通电直导线在垂直于磁场方向的投影长度，即 $L' = L\sin\theta$。

（3）当导线与磁场垂直时，弯曲导线的有效长度 L 等于连接两端点直线的长度（如图 1.12−8 所示）。相应的电流沿 L 由始端流向末端。若导线与磁场不垂直，则其有效长度为其首尾两端连线在垂直于磁场方向的投影长度。

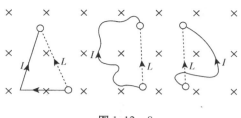

图 1.12 - 8

（4）单一闭合回路在匀强磁场中受到的安培力的合力为零。

3. $F = BIL$ 的适用条件

一般只适用于匀强磁场。

4. 安培力的方向

判定方法——安培左手定则。如图 1.12 - 9 所示，伸出左手，让大拇指跟其余四指垂直，并都跟手掌在同一平面内，把手放入磁场中，让磁感线穿入手心，并使伸开的四指指向电流的方向，那么，大拇指所指的方向就是通电导线在磁场中所受安培力的方向。

特点：安培力方向既垂直于磁场 B 的方向，又垂直于电流 I 的方向，即垂直于 B 和 I 所决定的平面。

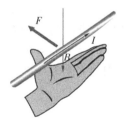

图 1.12 - 9

5. 两个重要结论

（1）两平行电流方向相反时将相互排斥 ［如图 1.12 - 10 （a） 所示］，方向相同时将相互吸引 ［如图 1.12 - 10 （b） 所示］。

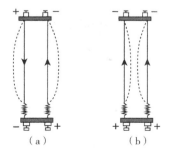

（a）　　　　　（b）

图 1.12 - 10

85

（2）两不平行电流有转动到平行且电流方向相同的趋势（如图 1.12 - 11 所示）。

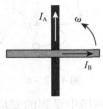

图 1.12 - 11

1.12.4 洛伦兹力

1. 定义

磁场对运动电荷的作用力叫洛伦兹力（F）。

2. 大小

（1）当带电粒子的运动速度 v 方向与磁场 B 方向平行时，

$$F = 0$$

（2）当带电粒子的运动速度 v 方向与磁场 B 方向垂直时，

$$F = qvB$$

（3）当带电粒子的运动速度 v 方向与磁场 B 方向成 θ 角时，

$$F = qvB\sin\theta$$

（4）磁场对静止电荷的作用力 $F = 0$（即磁场只对运动方向不平行于磁场的电荷才有作用力）。

3. 洛伦兹力的方向

判定方法——左手定则。如图 1.12 - 12 所示，伸出左手，四指与大拇指垂直，让磁感线穿过手心，四指指向正电荷运动的方向（负电荷运动的反方向），则大拇指所指的方向就是洛伦兹力的方向。

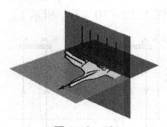

图 1.12 - 12

特点：既与磁场 B 的方向垂直，又与速度 v 的方向垂直，即垂直于 B 与 v 决定的平面，洛伦兹力对带电粒子始终不做功，只改变粒子的运动方向，不改变带电粒子运动速度的大小。

1.12.5 电场和磁场对电荷作用的区别

表 1.12 - 1

类别	电场力	洛伦兹力
作用情况	电荷在电场中一定受电场力作用	磁场只对运动方向与磁场方向不平行的电荷才有磁场力作用
大小	电场对电荷作用力的大小仅决定于场强 E 和电荷 q，即 $F = qE$	磁场对电荷的作用力不仅与磁场 B 有关，还与电荷的运动情况有关，即 $F = qvB\sin\theta$
方向	电荷所受电场力方向总是与电场线相切，正电荷所受电场力与电场方向相同，负电荷相反	电荷所受洛伦兹力方向始终与磁感线（磁场 B 方向）垂直，且与速度 v 方向垂直
作用效果	电场力既可以改变速度的大小，又可以改变速度方向	洛伦兹力只改变速度的方向，不改变速度的大小
做功情况	电场力可对电荷做功，可以改变电荷的动能	洛伦兹力始终对电荷不做功，不改变电荷的动能
运动情况	① 沿匀强电场方向进入电场的带电粒子只在电场力作用下做匀变速直线运动。② 垂直于匀强电场方向进入电场的带电粒子只在电场力作用下做类平抛运动。	① 沿匀强磁场方向进入磁场的带电粒子不受磁场力（重力不计），做匀速直线运动。② 垂直于匀强磁场方向进入磁场的带电粒子只在磁场力作用下做匀速圆周运动。

1.12.6 带电粒子在匀强磁场中的运动

（1）当速度 $v \parallel B$ 时，洛伦兹力 $F = 0$（重力不计），带电粒子在磁场中做匀速直线运动。

（2）当速度 $v \perp B$ 时，受洛伦兹力 $F = qvB$（重力不计），但方向始终与 v 方向垂直，不做功，带电粒子在磁场中做匀速圆周运动。向心力由洛伦兹力提供，即 $qvB = \dfrac{mv^2}{R}$。

轨道半径：

$$R = \frac{mv}{qB}$$

运动周期：

$$T = \frac{2\pi R}{v} = \frac{2\pi m}{qB}$$

注意：其运动的周期与运动的速度大小及轨道半径大小均无关，只由带电粒子的比荷及磁场 B 决定。

1.12.7 常见磁学仪器

1. 速度选择器

如图 1.12-13 所示为速度选择器结构示意图，在平行板电容器间存在相互垂直的正交匀强电场 E 和匀强磁场 B，一带电粒子（不计重力）以一垂直于电场和磁场方向的速度进入板间，则只有当带电粒子的运动速度 $v = \dfrac{E}{B}$（即满足 $qE = qvB$ 的粒子）时才沿直线通过两极板（速度选择），与粒子的电量、电性和质量都无关，同时带电粒子以此速度从左向右可直线通过速度选择器，但不能从右向左直线通过速度选择器。

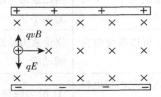

图 1.12-13

2. 磁流体发电机（等离子体发电机）

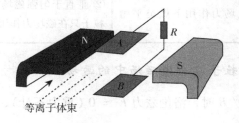

图 1.12-14

如图 1.12-14 所示为磁流体发电机示意图，等离子体束以速度 v 喷入磁场，正、负离子在洛伦兹力作用发生上下偏转而聚集到 A、B 两极板上，使得 A、B 两极板间存在电势差（相当于电源）从而对外供电，产生的电源电动势为

$$E = Bdv$$

说明：

① B 为磁场的磁感应强度，v 为等离子体的运动速度，d 为聚集正负电荷两极板的距离。

② 等离子体：把气体加热到一定温度，气体原子中一部分电子脱离原子

核的束缚而发生电离，产生大量的带电的自由电子和正离子。由于气体中正、负电荷总数相等，高温气体虽然含有大量自由电子和正离子，但总体上不显电性，这种气体叫等离子体。

3. 电磁流量计

如图 1.12 - 15 所示，一圆形导管直径为 d，用非磁性材料制成，其中有可以导电的液体向左流动，磁感应强度为 B 的磁场与其运动方向垂直，导电液体中的自由电荷（正、负离子）在洛伦兹力作用下纵向偏转，a、b 间出现电势差，若测得 a、b 两点之间的电势差为 U，由 $U = Bvd$ 可测出流体的流速 $v = \dfrac{U}{Bd}$，从而可测出该液体的流量 Q。

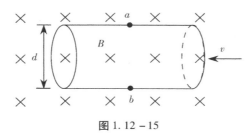

图 1.12 - 15

注意：流量 Q 指的是单位时间内流出的液体的体积，大小等于流体的流速 v 与管道横截面积 S 的乘积，即

$$Q = S \cdot v = \frac{SU}{Bd}$$

4. 霍尔效应

霍尔效应是电磁效应的一种，这一现象是美国物理学家霍尔（E. H. Hall，1855 - 1938）于 1879 年在研究金属的导电机制时发现的。当电流垂直于外磁场通过导体时，载流子发生偏转，垂直于电流和磁场的方向上会产生一附加电场，从而在导体的两端产生电势差，这一现象就是霍尔效应，这个电势差也被称为霍尔电势差，大小为 $U = Bvd$（d 为聚集正负电荷两极板间的距离）。霍尔效应使用左手定则判断。

如图 1.12 - 16（a）所示，如果定向移动的是正电荷，则会形成上表面电势高，下表面电势低的霍尔电势差。如图 1.12 - 16（b）所示，如果定向移动的是负电荷，则会形成下表面电势高，上表面电势低的霍尔电势差。

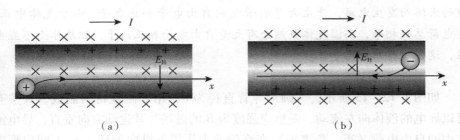

图 1.12 – 16

5. 质谱仪

（1）质谱仪最初是由汤姆生的学生阿斯顿设计的。

（2）质谱仪是测量带电粒子的比荷（或质量）和分析同位素的重要工具。

（3）质谱仪的常见类型

类型 I：结构如图 1.12 – 17 所示。

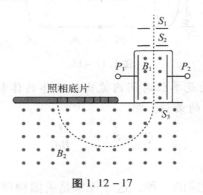

图 1.12 – 17

带电粒子通过 S_1S_2 间的加速电场加速：$qU = \dfrac{1}{2}mv^2$。

进入 P_1P_2 间的速度选择器，通过调节 E 和 B_1，使满足 $qE = qvB_1$，即 $v = \dfrac{E}{B_1}$ 的离子进入偏转磁场 B_2 偏转做匀速圆周运动：$qvB_2 = \dfrac{mv^2}{R}$。

粒子在磁场 B_2 中经过半个圆周运动打在照相胶片上形成谱线，根据谱线到狭缝 S_3 的距离 L 就可知道其运动半径 $R = \dfrac{L}{2}$。

由以可得 $R = \dfrac{L}{2} = \dfrac{mv}{qB_2} = \dfrac{mE}{qB_1B_2}$，测出相应的物理量便可测出带电粒子的比荷或质量。

类型 Ⅱ：结构如图 1.12 – 18 所示。

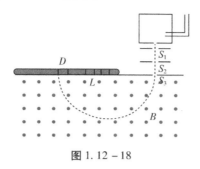

图 1.12 – 18

带电粒子通过 S_1S_2 间的加速电场加速：$qU = \dfrac{1}{2}mv^2$。

加速后经狭缝 S_3 进入偏转磁场 B 中偏转做匀速圆周运动：$qvB = \dfrac{mv^2}{R}$。

粒子在磁场 B 中经过半个圆周运动打在照相胶片 D 上形成谱线，根据谱线到狭缝 S_3 的距离 L 就可知道其运动半径 $R = \dfrac{L}{2}$。

所以 $R = \dfrac{L}{2} = \dfrac{1}{B}\sqrt{\dfrac{2mU}{q}}$，由此可测出比荷。

6. 回旋加速器

（1）回旋加速器是 1932 年由美国物理学家劳伦斯发明的。

（2）构造

如图 1.12 – 19 所示，其核心是两个 D 形金属盒，D 形盒装在真空中，整个装置放在巨大的电磁铁两极间，磁场方向垂直于 D 形盒的底面，在两个 D 形盒间留一个窄缝，在中心位置放有粒子源，两个 D 形盒分别接在高频交变电源的两极上。

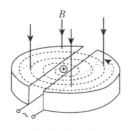

图 1.12 – 19

（3）功能及原理

回旋加速器是利用带电粒子在电场中的加速和带电粒子在磁场做圆周运动偏转的特性，使带电粒子在磁场中改变运动方向，然后进入电场中加速，从而使带电粒子在回旋过程中逐步获得加速。

（4）工作条件

$$T = \frac{2\pi m}{qB}$$

两个 D 形盒分别接在高频交变电源的两极上，在两盒间的窄缝中形成一个做周期性变化的交变电场，其周期 $T = \frac{2\pi m}{qB}$，与带电粒子在磁场中做圆周运动的周期相同（忽略带电粒子在电场中的加速时间）。

注意：

① 对于一个设定的针对某粒子的回旋加速器，不能随便加速其他的粒子。

② 带电粒子在回旋加速器中不能无限加速获得足够能量。

（5）最大速度与能量：

$$v_{\mathrm{m}} = \frac{qBR}{m}$$

$$E_{\mathrm{km}} = \frac{q^2 B^2 R^2}{2m}$$

说明：R 为 D 形盒半径，m 为带电粒子质量，q 为粒子的电量。

（2）运动时间（忽略加速时间）

$$t = \frac{\pi BR^2}{2U}$$

注意：带电粒子在回旋加速器所能获得的最大能量与 D 形盒半径 R 及磁场磁感应强度 B 有关，与加速电压 U 无关，但加速电压 U 会影响带电粒子在回旋加速器内的运动时间。

1.13　电磁感应

1.13.1　磁通量

1. 定义

磁感应强度 B 与垂直于磁场方向的面积 S 的乘积，叫作穿过这个面的磁通量，简称磁通。

2. 定义式

$$\Phi = BS$$

3. 适用条件

该式只适用于匀强磁场的情况，且式中的 S 是跟磁场方向垂直且处在磁场中的那部分平面的面积。

（1）若不垂直，如图 1.13 – 1（a）所示，则 $S_\perp$ 是平面在垂直于磁场方向的投影面的面积，即 $\Phi = BS_\perp = BS\cos\theta$。

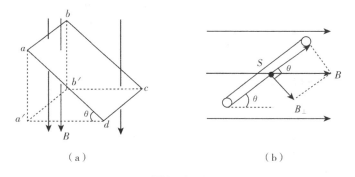

（a）　　　　　　　　　　　（b）

图 1.13 – 1

（2）如图 1.13 – 1（b）所示，当 B 与 S 不垂直时，磁通量 Φ 也等于垂直于平面方向的磁感应强度的分量与平面面积 S 的乘积，即 $\Phi = B_\perp S = BS\sin\theta$。

4. 矢量性：标量，只有大小，但有正负

说明：Φ 的正负表示磁感线从正反两个面哪个面穿过，若规定从一面穿过为正，则从另一面穿过就为负。

5. 单位

韦伯（符号 Wb），$1\text{Wb} = 1\text{T} \cdot \text{m}^2$

6. 物理意义

磁通量表示穿过某个面的磁感线的条数，磁通量 Φ 在数值上等于穿过这个面的磁感线条数。

说明：

① 磁通量与线圈的匝数无关。

② 穿过任意闭合曲面的磁通量为零。

7. 磁通密度

$$B = \frac{\Phi}{S}$$

意义：表示垂直于磁场方向单位面积内的磁通量，叫磁通密度，磁通密度等于该处的磁感应强度，所以磁感应强度也叫磁通密度。

单位：Wb/m^2，$1T = 1Wb/m^2$。

8. 磁通量的变化

磁通量的变化量是指末状态与初状态的磁通量之差，即

$$\Delta\Phi = \Phi_2 - \Phi_1$$

说明：

① 当 B 不变，有效面积 S 变化时，$\Delta\Phi = B \cdot \Delta S$。

② 当 B 变化，S 不变时，$\Delta\Phi = \Delta B \cdot S$。

③ B 和 S 同时变化，则 $\Delta\Phi = \Phi_2 - \Phi_1$，但此时 $\Delta\Phi \neq \Delta B \cdot \Delta S$。

注意：计算磁通量的变化时一定要注意其初、末状态磁通量的正负，结果只关心变化量的绝对值大小。

1.13.2 电磁感应现象

1. 定义

利用磁场产生电流的现象叫电磁感应现象，所产生的电动势叫感应电动势，产生的电流叫感应电流。

2. 产生感应电流的条件

穿过闭合回路的磁通量发生变化。

3. 穿过闭合回路的磁通量发生变化的方式

（1）闭合电路的一部分导体做切割磁感线运动。

（2）穿过闭合回路的磁场发生变化。

（3）闭合回路的面积发生变化。

注意：

① 不管哪一种方式，只要能使闭合回路的磁通量发生变化，在闭合回路中便能产生感应电流。

② 电磁感应现象的实质是产生感应电动势，如果电路闭合，则有感应电流，若电路不闭合，则只有感应电动势而无感应电流产生，产生感应电动势的那部分导体相当于电源。

1.13.3 　楞次定律——感应电流的方向

1. 楞次定律

（1）内容：感应电流具有这样的方向，即感应电流的磁场总要阻碍引起感应电流的磁通量的变化。

（2）理解"阻碍"的含义

谁在阻碍——感应电流产生的磁场。

阻碍什么——引起感应电流的磁通量的变化。

如何阻碍——**增反减同**，当磁通量增大时，感应电流的磁场方向与原磁场方向相反，阻碍磁通量的增大。当磁通量减小时，感应电流的磁场方向与原磁场方向相同，阻碍磁通量的减小。

结果如何——阻碍不是阻止，磁通量还是要变化，只是延缓了磁通量的变化，所以阻碍是表现出的效果。

（3）感应电流的效果

感应电流的效果总是要反抗或阻碍引起感应电流的原因（即原磁通量的变化），其反抗或阻碍的方式主要表现在以下几个方面：

① 阻碍原磁通量的变化或原磁场的变化——**增反减同**。

② 阻碍导体与磁场间的相对运动——**来拒去留**。

③ 通过改变线圈面积来反抗或阻碍（扩大或缩小）——**增缩减扩**（即磁通量增大时，通过收缩面积的方式阻碍磁通量的增大，磁通量减小时，通过扩大面积的方式阻碍磁通量的减小）。

注意：此方式只适用于单一方向磁场穿过某个面形成的磁通量变化的情况。

④ 通过改变距离来阻碍磁通量的变化——**增离减靠**（即磁通量增大时，通过远离的方式阻碍磁通量的增大，磁通量减小时，通过靠近的方式来阻碍磁通量的减小）。

⑤ 阻碍原电流的变化（自感现象）——**增反减同**（原电流增大时，自感电流方向与原电流方向相反，原电流减小时，自感电流方向与原电流方向相同，从而阻碍磁通量的变化）。

说明：感应电流的效果总是要反抗或阻碍引起感应电流的原因（即原磁通量的变化），它不是以上述某一种单一方式进行阻碍，而是通过能够用到的各种方式同时进行阻碍。

（4）电磁感应中的能量关系

在电磁感应现象中，克服感应电流的安培力所做的功等于回路中所产生的电能，克服感应电流的安培力做功的功率等于回路中的电功率。

说明：

① 感应电流反过来在原磁场中会受到安培力，安培力是阻力，表现出的效果就是"阻碍"导体相对磁场的运动，因此在这个过程中需要克服感应电流的安培力做功，从而将其他形式的能量转化为电能。

② 若是通电导线所受安培力对外做功，则将电路中的电能通过安培力做功将电能转化为其他形式的能量。

（5）楞次定律的适用范围

楞次定律适于用所有情况下感应电流方向的判定。

（6）楞次定律应用，即判断感应电流的基本步骤

① 确定原磁场的方向。

② 确定磁通量的变化。

③ 确定感应电流的磁场方向——确定原则：增反减同，即当原磁通量增加时，感应电流的磁场方向与原磁场方向相反，当原磁通量减小时，感应电流的磁场方向与原磁场方向相同。

感应电流方向的判定

图 1.13－2

④ 根据右手定则判断感应电流的方向——如图1.13－2所示，大拇指指向感应电流的磁场方向，弯曲四指所指的方向就是感应电流的环绕方向。

2. 右手定则

（1）适用范围：闭合电路的部分导体做切割磁感线运动时产生感应电流的方向的判定。

（2）方法：伸开右手，让大拇指跟其余四指在同一平面内，让磁感线垂直穿过手心，大拇指指向导体的运动方向，其余四指所指的方向就是感应电流的方向。

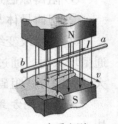

右手定则

图 1.13－3

说明：

① 当磁场运动而导体不动时，用右手定则，大拇指应指向导体相对磁场的运动方向。

② 在电磁感应现象中，产生感应电动势的那部分导体相当于电源，感应电流的方向就是感应电动势的方向，在电源内部，电流方向由低电势流向高电势（即由负极到正极），在电源外部，电流方向由高电势流向低电势（即由正极流向负极）。

③ 导体切割磁感线运动产生的感应电流方向的判断，既可以用右手定则，

也可以用楞次定律，但用楞次定律能判断的，右手定则不一定适用。

④ 右手定则只适用于判定导体切割磁感线时产生的感应电流方向的判定，而楞次定律对于一切感应电流方向的判定都适用。

1.13.4 法拉第电磁感应定律——感应电动势的大小

1. 法拉第电磁感应定律

（1）内容

电路中感应电动势的大小，跟穿过这一电路的磁通量的变化率成正比，这就是法拉第电磁感应定律。

（2）公式

$$E = n\frac{\Delta\Phi}{\Delta t}$$

n 为线圈匝数，$\dfrac{\Delta\Phi}{\Delta t}$ 为磁通量的变化率，即单位时间内磁通量的变化量，表示磁通量变化的快慢。

（3）适用范围：通用式，适用于所有情况下感应电动势的计算。

（4）公式理解

① 感应电动势 E 的大小与磁通量的变化率 $\dfrac{\Delta\Phi}{\Delta t}$ 成正比，而不是与变化量 $\Delta\Phi$ 成正比，更不是与磁通量 Φ 成正比，而 $\dfrac{\Delta\Phi}{\Delta t}$ 与 $\Delta\Phi$ 和 Φ 之间无大小上的必然联系。

② 当 $\Delta\Phi$ 由磁场变化引起时，$\dfrac{\Delta\Phi}{\Delta t} = \dfrac{\Delta B\cdot S}{\Delta t}$。

当 $\Delta\Phi$ 由回路面积变化引起时，$\dfrac{\Delta\Phi}{\Delta t} = \dfrac{\Delta S\cdot B}{\Delta t}$。

注意：当 B 与 S 均变化时，$\dfrac{\Delta\Phi}{\Delta t} = \dfrac{\Phi_2 - \Phi_1}{\Delta t} \neq \dfrac{\Delta B\cdot \Delta S}{\Delta t}$。

2. 导体切割磁感线运动

（1）电动势大小：导体做切割磁感线运动时产生的感应电动势的大小，跟磁感应强度 B、导线长度 L、运动速度 v 及运动速度 v 方向和磁感线间夹角 θ 的正弦 $\sin\theta$ 成正比。

（2）公式

① B、L、v 三者两两垂直时，

$$E = BLv$$

② 磁感应强度 B 与切割速度 v 方向成夹角 θ，且 $B\perp L$，$L\perp v$ 时，

$$E = BLv\sin\theta$$

（3）适用范围

只适用于闭合电路的一部分导体在磁场中做切割磁感线运动时产生的感应电动势的计算。

（4）公式理解

① 如果 $\theta = 90°$，即 $B \perp v$，公式可简化为 $E = BLv$，此时 B、L、v 三者两两垂直。

② 如果 B、L、v 中任意两个量平行，则导体在磁场中运动时不切割磁感线，$E = 0$。

③ 若导线是弯曲的，$E = BLv$ 中的 L 是导体切割磁感线的有效长度，即 L 是导线首尾两端点连线在垂直于 B、v 方向的投影的长度。

（5）$E = n\dfrac{\Delta\Phi}{\Delta t}$ 与 $E = BLv\sin\theta$ 的区分和联系

表 1.13 - 2

$E = n\dfrac{\Delta\Phi}{\Delta t}$	$E = BLv\sin\theta$
$E = n\dfrac{\Delta\Phi}{\Delta t}$ 求出的通常是时间 Δt 内的平均感应电动势，与某段时间或某个过程对应	$E = BLv\sin\theta$ 求的是瞬时感应电动势，与某个时刻或某个位置相对应，当然 v 也对应的是该时刻的瞬时速度
$E = n\dfrac{\Delta\Phi}{\Delta t}$ 求的是整个回路的感应电动势，整个回路的感应电动势为零时，其中某段导体的感应电动势不一定为零	$E = BLv\sin\theta$ 求的是回路中部分导体做切割磁感线运动时产生的感应电动势
$E = n\dfrac{\Delta\Phi}{\Delta t}$ 求的是整个回路的感应电动势，因此电源部分不易确定	切割磁感线的那部分导体相当于电源

区别（左栏标签）

联系：$E = BLv\sin\theta$ 是 $E = n\dfrac{\Delta\Phi}{\Delta t}$ 的一种特殊情况，$E = n\dfrac{\Delta\Phi}{\Delta t}$ 和 $E = BLv\sin\theta$ 是统一的，当 $E = n\dfrac{\Delta\Phi}{\Delta t}$ 中 Δt 趋近于 0 时求出的是瞬时值，当 $E = BLv\sin\theta$ 中 v 为瞬时速度时，求出的 E 是瞬时值，当 v 为一段时间内的平均速度时，求出的 E 是这段时间内 E 的平均值。

1.13.5 自感现象

1. 自感现象定义

由于导体本身的电流发生变化而产生的电磁感应现象，叫作自感现象。

2. 自感电动势

（1）定义：在自感现象中产生的电动势叫自感电动势，产生的电流叫自感电流。

（2）作用：总是阻碍导体中原电流的变化。

（3）自感电动势的方向：增反减同，即自感电动势总是阻碍导体中原电流的变化，当原电流增大时，自感电流方向与原电流方向相反，阻碍原电流的增大，当原电流减小时，自感电流方向与原电流方向相同，阻碍原电流的减小。

（4）自感电动势的大小：跟电流的变化率成正比，即

$$E_L = L \frac{\Delta I}{\Delta t}$$

$\dfrac{\Delta I}{\Delta t}$——电流的变化率，数值上等于单位时间内电流的变化量，表示电流变化的快慢。

L——比例系数，叫线圈的自感系数。

（5）自感系数 L：也叫自感或电感，常用 L 表示，由线圈本身的特性判定。

① L 的大小与线圈的形状、横截面积、匝数等因素有关。横截面积越大，匝数越多，自感系数 L 就越大，有铁芯的线圈比没铁芯的线圈自感系数要大得多。

注意：自感系数 L 与 E_L、ΔI、Δt 等均无关。

② 单位：亨利（符号 H）。

意义：如果通过线圈的电流在 1s 内改变 1A 时，产生的感应电动势为 1V，这个线圈的自感系数就是 1H。

常用单位有毫亨（mH）和微亨（μH）：$1\text{mH} = 10^{-3}\text{H}$，$1\mu\text{H} = 10^{-6}\text{H}$。

1.13.6 日光灯的原理

1. 日光灯组成

如图 1.13-4 所示，主要由灯管、镇流器、启动器等组成。

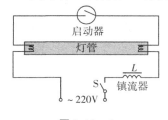

图 1.13-4

（1）灯管：灯管两端各有一个灯丝，管内充有微量的氩和稀薄的汞蒸气，管壁涂有荧光粉。

（2）镇流器：是一个带铁芯的自感线圈，自感系数很大。

（3）启动器：如图1.13-5所示是一个充有氖气的小玻璃泡，里面有两个电极，一个是固定不动的静触片，一个是用双金属片制成的U型动触片。

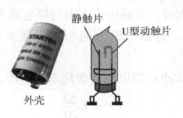

图1.13-5

2. 日光灯的工作原理

（1）如上图1.13-5所示，当开关闭合后，电源电压加在启动器的两极之间，使氖气放电发出辉光，辉光产生的热量使U型动触片膨胀伸长，与静触片接触，电路导通，于是镇流器的线圈和灯管的灯丝之间就有电流通过。

（2）电路通过U型金属片接通后，氖气不再放电发出辉光，因此U型动触片冷却收缩，两个触片分离，电路断开，镇流器中产生很高的自感电动势，方向与原来电压的方向相同，两者加在一起形成瞬时高压加在灯管两端，使灯管中气体开始放电发出紫外线，照在管壁的荧光粉上而发出白光，这样日光灯管便成为电流的通路。启动器在日光灯启动时起到一个自动开关的作用（先接通再断开），而镇流器则起到提供一个瞬时高压的作用。

（3）正常发光时，镇流器降压限流，保证日光灯正常工作。

（4）启动器中的电容器能使动、静触片在分离时不产生火花，以免烧坏触点，若没有电容器，启动器也能正常工作。

1.13.7 涡流

1. 涡流

（1）定义

由于电磁感应，在大块金属中会形成感应电流，电流在金属块内组成闭合回路，形状很像水的旋涡，因此叫作涡电流，简称涡流。

（2）决定因素

磁场变化越快（$\frac{\Delta B}{\Delta t}$越大），导体的横截面积$S$越大，导体材料的电阻率越小，形成的涡流就越大。

（3）涡流的应用

高频感应炉、电磁灶等利用了涡流的热效应。安检门、扫雷器等利用了涡流的磁效应。

① 高频感应炉：常用来冶炼金属利用的是涡流熔化金属。冶炼锅内装入被冶炼的金属，让高频交流电通过线圈，被冶炼的金属内部就产生很强的涡流，从而产生大量的热量使金属熔化。

优点：速度快，温度容易控制，能避免有害杂质混入被冶炼的金属中。

② 电磁灶：涡流产生在铁磁材料制成的锅底部，引起涡流的部分是灶内的励磁线圈，它与锅底不接触。电磁灶工作时表面摸上去温度也挺高，是因为其表面与铁锅发生了热传递。

（4）涡流的防止

为了减少涡流对电动机、变压器的损害，常用电阻率较大的硅钢做铁芯材料，而且用互相绝缘的薄硅钢片叠成铁芯来代替整块硅钢材料。

2. 电磁阻尼

（1）定义：当导体在磁场中运动时，导体中产生的感应电流会使导体受到安培力，安培力总是阻碍导体的运动，这种现象称为电磁阻尼。

（2）应用：磁电式仪表中利用电磁阻尼使指针迅速停下来，便于读数。

1.14　交变电流

1.14.1　交变电流的产生

1. 交变电流的定义

大小和方向都随时间做周期性变化的电流叫交变电流。

说明：交变电流的大小可以不变，但方向随时间一定会周期性地变化。

2. 正弦交变电流

电流大小和方向随时间按正弦（或余弦）规律变化的电流叫正弦（或余弦）交变电流，其图像是正弦曲线（或余弦曲线）。

3. 交变电流的产生

（1）产生方法：闭合线圈在匀强磁场中绕垂直于磁场方向的轴线匀速转动时产生正（余）弦交变电流。

（2）中性面：与磁场方向垂直的平面叫中性面。

① 线圈在中性面（即与磁场方向垂直）时，穿过线圈平面的磁通量 Φ 最大，但磁通量的变化率 $\dfrac{\Delta\Phi}{\Delta t}$ 最小（为零），即导体有效切割速度为零，感应电动势为零。

② 线圈与中性面垂直（即与磁场方向平行）时，穿过线圈的磁通量 $\Phi = 0$，但磁通量的变化率 $\dfrac{\Delta\Phi}{\Delta t}$ 最大，即导体有效切割速度最大，感应电动势最大。

③ 线圈每转过一周，两次经过中性面，电流方向改变两次。线圈每经过一次中性面，电流的方向就改变一次。

1.14.2　交变电流的规律

如图 1.14 - 1 所示，面积为 S、匝数为 N 的线圈在匀强磁场 B 中绕垂直于磁场方向的轴线匀速转动，转动的角速度为 ω，线圈从中性面（图示位置）开始转动。

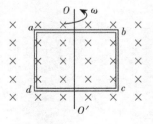

图 1.14 - 1

穿过线圈的磁通量随时间的变化规律为

$$\Phi = \Phi_m\cos\omega t = BS\cos\omega t , \Phi_m = BS$$

线圈中的感应电动势随时间变化规律为

$$e = E_m\sin\omega t = NBS\omega\sin\omega t , E_m = NBS\omega$$

其图像分别如图 1.14 - 2 所示：

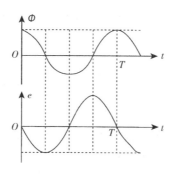

图 1.14 - 2

在 $e - t$ 图像中，这里是规定线圈中的电动势沿 $adcba$ 方向为正。

在 $\Phi - t$ 图像中，图像的斜率表示磁通量的变化率，即 $k = \dfrac{\Delta\Phi}{\Delta t}$。

注意：如果在线圈不是从中性面开始转动，而是从平行于磁场方向（即垂直于中性面）开始转动，则

磁通量的瞬时值表达式为 $\Phi = \Phi_m\sin\omega t = BS\sin\omega t , \Phi_m = BS$。

电动势的瞬时值表达式为 $e = E_m\cos\omega t = NBS\omega\cos\omega t , E_m = NBS\omega$。

1.14.3 表征交变电流的物理量

1. 交变电流的值

（1）峰值（最大值）

$$E_m = NBS\omega$$

交变电流的最大值反映的是交变电流大小的变化范围。

（2）瞬时值

正弦交变电流某一时刻的值，瞬时值是时间的函数，不同时刻的瞬时值不同，从中性面开始计时，瞬时值与最大值的关系为

$$e = E_m\sin\omega t$$

（3）有效值

交变电流的有效值是根据电流的热效应来规定的，让交流和直流通过相同阻值的电阻，如果它们在相同的时间内产生的热量相同，就把这一直流的数值叫作该交流的有效值，用“E、I、U”表示。

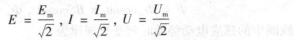

正弦（余弦）式交变电流中有效值与最大值之间的关系：

$$E = \frac{E_m}{\sqrt{2}}, \quad I = \frac{I_m}{\sqrt{2}}, \quad U = \frac{U_m}{\sqrt{2}}$$

说明：我们通常说家庭电路的电压220V是指有效值，各种使用交变电流的电器设备上所标的额定电压和电流都是指有效值，一般交流电流表和交流电压表测量的数值都是有效值，以后提到的交变电流的数值，凡没特别说明的，都是指有效值。

（4）平均值

交变电流的平均值可用 $\bar{E} = n\dfrac{\Delta\Phi}{\Delta t}$ 计算，与所取的时间段有关。

说明：

① 某段时间内的平均值不等于这段时间初、末时刻瞬时值的算术平均值。

② 以后凡是涉及计算电热、电功（率）等都要用有效值，在计算通过某段导体的电量时要用平均值，计算电容器的击穿电压时要用最大值。

2. 交变电流的周期和频率

（1）周期（T）：交变电流完成一次周期性变化（线圈转一周）的时间。

（2）频率（f）：交变电流在1s内完成周期性变化的次数，单位：Hz。

（3）角频率（ω）：即线圈转动的角速度 $\omega = \dfrac{2\pi}{T} = 2\pi f = 2\pi n$ ，转速n（r/s）。

1.14.4　电感和电容对交变电流的作用

1. 电感器对交变电流的作用

（1）电感器的特性：电感对交变电流有阻碍作用。

（2）感抗（X_L）：电感对交变电流阻碍作用的大小叫感抗，用 X_L 表示。

（3）感抗的大小：交变电流的频率 f 越高，线圈的自感系数 L 越大，其阻碍作用就越强，线圈的感抗 X_L 就越大。

说明：电感器对正弦交变电流的阻碍作用可表示为

$$X_L = 2\pi f L$$

（4）产生感抗的原因：电感对交变电流有阻碍作用即产生感抗的原因是当线圈中的电流发生变化时，在线圈中要产生自感电动势，自感电动势总要阻碍线圈中电流的变化。

（5）电感器在电子技术中的应用：两种扼流圈。

① 低频扼流圈：线圈的自感系数 L 很大，作用是"通直流，阻交流"。

② 高频扼流圈：线圈的自感系数 L 很小，作用是"通低频，阻高频"。

2. 电容器对交变电流的作用

（1）电容器的特性

① 交变电流能够通过电容器的原因是电容器交替进行充电和放电，电路中就有了电流，表现为交流"通过"了电容器，实际上自由电荷并没有通过电容器两极板间的绝缘介质。

② 电容器对交变电流有阻碍作用。

（2）容抗 X_C

① 定义：电容器对交变电流的阻碍作用大小叫容抗，用 X_c 表示。

② 大小：电容器的电容 C 越小，交变电流的频率 f 越低，电容器对交变电流的阻碍作用越大，电容器的容抗就越大。

说明：电容器对正弦交变电流的阻碍可表示为

$$X_C = \frac{1}{2\pi fC}$$

（3）电容器具有容抗的原因

电容器具有容抗是由于极板充电带上电荷后，会产生阻碍电流的反向电压，从而对继续充电产生阻碍作用。电容越大，在充电过程中两极间电压增长就越慢，对继续充电的阻碍作用就越小。交变电流的频率越高，即电流方向变化越快，电容器两极板间电压还来不及达到较高时，电流就已经反向，从而对继续充电的阻碍作用变小。因此，电容越大，频率越高，容抗就越小。

（4）电容器在电子技术中的应用："通高频，阻低频"或"通交流，隔直流"。

隔直电容器（如图 1.14－3 所示）："通交流，隔直流"，容抗小，对交流电的阻碍作用小。

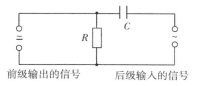

图 1.14－3

旁路电容器（如图 1.14－4 所示）："通高频，阻低频"，容抗大，对交流电的阻碍作用大。

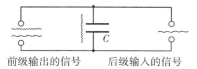

图 1.14－4

1.14.5 变压器

1. 主要构造

变压器主要由原线圈、副线圈和闭合铁芯组成。

2. 工作原理

根据电磁感应原理来改变交变电流电压。

3. 理想变压器

不考虑铜损（线圈电阻产生的焦耳热）、铁损（涡流产生的焦耳热）和漏磁的变压器叫理想变压器，它的输入功率等于输出功率。

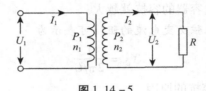

图 1.14-5

4. 理想变压器规律

（1）电压关系：输入电压 U_1 决定输出电压 U_2，且电压比与匝数成正比，即

$$\frac{U_1}{U_2} = \frac{n_1}{n_2}$$

（2）电流关系：输出电流 I_2 决定输入电流 I_1，且电流比与匝数成反比，即

$$\frac{I_1}{I_2} = \frac{n_2}{n_1}$$

（3）功率关系：输出功率 P_2 决定输入功率 P_1，且输入功率等于输出功率，即

$$U_1 I_1 = U_2 I_2$$

副线圈为多个线圈的情况：电路如图 1.14-6 所示。

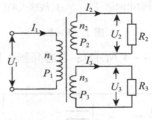

图 1.14-6

（1）电压关系：输入电压决定输出电压，且电压比仍与匝数成正比，即

$$\frac{U_1}{U_2} = \frac{n_1}{n_2} , \frac{U_1}{U_3} = \frac{n_1}{n_3}$$

（2）电流关系：输出电流决定输入电流，但电流比与匝数不再成正比，即

$$n_1 I_1 = n_2 I_2 + n_3 I_3$$

（3）功率关系：输出功率决定输入功率，输入功率仍等于输出功率，即

$$U_1 I_1 = U_2 I_2 + U_3 I_3$$

5. 几种常用的变压器

（1）自耦变压器

自耦变压器的特点是铁芯上只绕一个线圈，即原副线圈共用一个线圈，如果把整个线圈作为原线圈，副线圈只取线圈的一部分，就可以降低电压，相反就可以升高电压。调压变压器就是一种自耦变压器。

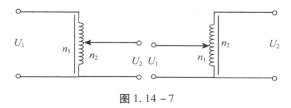

图 1.14 - 7

（2）互感器

① 电流互感器

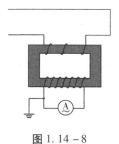

图 1.14 - 8

用来把大电流变成小电流。如图 1.14 - 8 所示，原线圈匝数小于副线圈匝数，原线圈串联在高压电路火线中，在副线圈中接入电流表，根据电流表测得的电流和电流互感器的变流比，就可算出被测高压电路中的电流。

注意：

① 为了安全，电流互感器使用时必须确保副线圈接地。

② 电流互感器使用时绝不允许副线圈开路，如果开路，副线圈两端将产生很高的电压，对人非常危险，同时还会导致铁芯过热而烧坏互感器。

（3）电压互感器

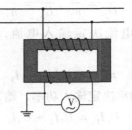

图 1.14 – 9

用来把高电压变成低电压。如图 1.14 – 9 所示，它的原线圈匝数大于副线圈匝数，原线圈并联在高压电路中，副线圈中接入电压表，根据电压表测得的电压和电压互感器的变压比就可算出被测高压电路中的电压。

说明：为防止高低压线圈间以及高压线圈与铁芯间的绝缘部分被击穿而造成触电事故，必须确保副线圈接地。

1.14.6 电能的输送

1. 输电导线上的功率损失
输电导线上的功率损失与输电电流 I 的二次方及输电导线的电阻 R 成正比，即

$$\Delta P = I^2 R$$

2. 输电线路上的电压损失

$$\Delta U = IR$$

3. 远距离输电
由于距离远，输电线电阻大，将损失一部分电能转化为热能。

减少远距离输电中功率和电压损失的办法：提高输电电压，减小输电电流。

4. 电能输送中几个常用的关系式
如图 1.14 – 10 所示，若发电站输电功率为 P，输电电压为 U，输电电流为 I，输电导线总电阻为 R，用户得到的功率为 P'，用户得到的电压为 U'，则

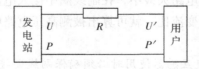

图 1.14 – 10

① 输电导线上损耗的电压

$$\Delta U = U - U' = IR$$

② 输电电流

$$I = \frac{P}{U} = = \frac{U - U'}{R}$$

③ 输电导线损耗的功率

$$\Delta P = I^2 R = P - P' = \Delta U \cdot I$$

说明：当输送的功率一定时，输电电压增大到原来的 n 倍，输电导线上损耗的功率就减小到原来的 $\frac{1}{n^2}$ 。

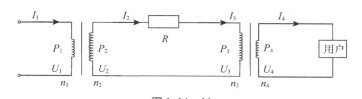

图 1.14 - 11

5. 远距离输电示意图（理想变压器）

① 电压关系

$$\frac{U_1}{U_2} = \frac{n_1}{n_2} \ , \ \frac{U_3}{U_4} = \frac{n_3}{n_4}$$

② 电压损失

$$\Delta U = U_2 - U_3 = \frac{\Delta P}{I_2}$$

③ 电流关系

$$\frac{I_1}{I_2} = \frac{n_2}{n_1} \ , \ \frac{I_3}{I_4} = \frac{n_4}{n_3}$$

④ 输电电流

$$I_2 = I_3 = \frac{P_2}{U_2} = \frac{P_3}{U_3} = \frac{U_2 - U_3}{R}$$

⑤ 功率关系

$$P_1 = P_2 \ , \ P_3 = P_4$$

⑥ 功率损耗

$$\Delta P = P_2 - P_3 = I_2^2 R = \Delta U \cdot I_2$$

1.15 机械振动

1.15.1 机械振动

1. 定义

物体在平衡位置附近所做的往复运动，叫机械振动，简称振动。

2. 回复力

物体所受到的指向平衡位置的合力叫回复力。作用效果是使偏离平衡位置的振动物体回到平衡位置。方向总是指向平衡位置，它是根据效果命名的力，类似于向心力。

注意：回复力是物体所受到的指向平衡位置的合力，但不一定是物体所受的合力，如单摆摆动。

3. 平衡位置

回复力为零的位置叫平衡位置，物体振动过程中关于平衡位置对称。

4. 描述振动的物理量

（1）位移 x：相对平衡位置的位移，由平衡位置指向振动质点所在位置的有向线段表示振动物体的位移，是矢量，与物体运动的初始位置无关。

（2）振幅 A：振动物体离开平衡位置的最大距离，是标量，表示振动的强弱和能量大小。

（3）全振动：振动物体经过振动中所有位置后回到原出发位置便完成一次全振动。回到出发位置时的速度大小、方向也回到出发时的值，与出发时的速度完全相同。

（4）周期 T 和频率 f：物体完成一次全振动所需的时间叫周期，而频率是物体在单位时间内完成的全振动的次数，它们都是表示振动快慢的物理量，其关系是 $T = \dfrac{1}{f}$。

1.15.2 简谐运动

1. 定义

物体在跟偏离平衡位置的位移大小成正比、方向总指向平衡位置的回复力作用下的振动，叫简谐运动。

2. 特征

（1）加速度 a 和所受回复力 F 的特征

$$F = -kx = ma$$

意义：加速度 a 和回复力 F 大小总与物体偏离平衡位置的位移大小成正比，方向与位移方向相反，总指向平衡位置。

（2）运动特征

以弹簧振子为例，如图 1.15 - 1 所示。

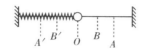

图 1.15 - 1

在平衡位置 O：位移 $x = 0$，回复力 $F = 0$，加速度 $a = 0$，速度 v 最大。

从平衡位置 O 向两侧最大位移 A（或 A'）运动过程中：位移 x 增大，回复力 F 和加速度 a 均增大，速度 v 减小。

在两侧最大位移（A 或 A' 处）：位移 x 最大，回复力 F 和加速度 a 达到最大，速度 $v = 0$。

从两侧最大位移 A（或 A'）到平衡位置 O 运动过程中：位移 x 减小，回复力 F 和加速度 a 均减小，速度 v 增大。

（3）简谐运动物体任何时刻经过同一位置时，其位移 x、回复力 F、加速度 a 均相同，速度 v 大小相同，方向可能不同。

（4）对称性

空间对称性：关于平衡位置对称的两点（如 B 和 B'），具有相同大小的位移 x、回复力 F 及加速度 a，但它们的方向相反，而速度 v 大小相等，方向可能相同也可能相反。

时间对称性：①振动物体往返通过任何一段相同的路径所用的时间相同（如从 B 到 A 的时间及从 A 返回 B 的时间相同）。②通过相对平衡位置对称的两段路径所用的时间相同（如从 A 到 B 的时间及从 A' 到 B' 的时间相同）。

1.15.3　简谐运动的图像

1. 意义

表示振动物体的位移随时间的变化规律。

注意：振动图像不是质点的运动轨迹。

2. 图像特点：正弦（或余弦）曲线（如图 1.15 - 2 所示）。

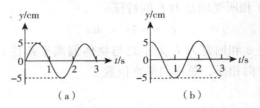

图 1.15 - 2

注意：振动图像是正弦还是余弦曲线，取决于 $t = 0$ 时振动物体的位置和正方向的选取，以上图弹簧振子为例，若振子向右经过平衡位置作为计时起点，并以向右为正方向，则振子的振动图像如图 1.15 - 2（a）所示。当以振子某次运动到右侧最大位移 A 处开始计时，则振动图像为余弦曲线（仍以水平向右为正），如图 1.15 - 2（b）所示。

3. 振动图像的应用（以图 1.15 - 2 为例）

（1）求振幅 A：振动图像中最大位移的绝对值等于其振幅 A。图 1.15 - 2（a）和（b）图中振幅均是 $A = 0.05 \text{m}$。

（2）求周期 T：振动图像中一段完整的正弦或余弦曲线间包含的时间为一个周期。图 1.15 - 2（a）和（b）图中周期均是 $T = 2\text{s}$。

（3）确定某一时刻质点相对平衡位置的位移，从纵坐标中直接读出。

（4）判定某时刻质点的加速度方向，与位移方向相反。

（5）判定某时刻质点的速度方向，曲线某点的切线的斜率大小表示该时刻的速度大小，斜率的正负表示速度的方向，斜率为正表示速度为正方向，相反为负方向。

（6）判断某一段时间内质点的位移、速度、加速度及势能的变化情况。若位移增大，则回复力和加速度增大，速度减小，动能减小，势能增大。若位移减小，则变化情况相反。

1.15.4 单摆

1. 单摆是一种理想化的模型

构成单摆的要求：

（1）要求悬挂小球的细线伸缩和质量可忽略不计。

（2）线长比球的直径要大得多。

（3）要求摆动中所受阻力可以忽略（即选用体积小密度大的摆球）。

2. 单摆的运动的特征

（1）简谐运动：当摆角很小时单摆的运动是简谐运动。

单摆简谐运动的回复力：由重力沿切线方向的分力提供。

如图 1.15 – 3 所示，在 P 点时，设其运动速度为 v，相对平衡位置发生的位移为 x，则

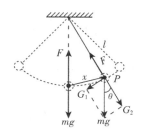

图 1.15 – 3

$F_{回} = G_1 = mg\sin\theta$，且当 θ 很小时，$\sin\theta \approx \theta \approx \dfrac{x}{l}$，

得 $F_{回} = -\dfrac{mg}{l}x = -kx$，"–" 表示回复力的方向与位移 x 方向相反，

所以单摆的运动是简谐运动。

（2）圆周运动

指向圆心的合力提供向心力，即 $F - G_2 = F - mg\cos\theta = \dfrac{mv^2}{l}$。

说明：

① 单摆的运动同时由振动和以悬点为圆心的圆周运动合成。

② 回复力是由重力沿切线方向的分力提供的，即指向平衡位置的合力在这里并不等于物体所受的合力，也就是说，回复力不一定等于物体所受的合力。

③ 向心力是由指向圆心的合力提供的，在这里也不等于物体所受的合力，即向心力不一定等于物体所受的合力。

3. 单摆的周期

$$T = 2\pi\sqrt{\dfrac{l}{g}}$$

（1）适用条件：摆角很小的情况（如 $\theta < 5°$）。

（2）等时性：单摆的振动周期 T 在振幅较小的情况下，与单摆的振幅无关，与摆球的质量无关。

（3）摆长 l：摆动的圆心到摆球重心间的距离，不一定等于摆线长度，单位为米（m）。

（4）等效重力加速度 g

① 不同星球表面：$g = \dfrac{GM}{R^2}$（由 $G\dfrac{Mm}{R^2} = mg$ 得），式中 R 为星球的半径，M

为星球质量，G 为引力常量。

② g 与单摆系统的运动状态有关：等效为摆球在其平衡位置处相对系统静止时其"视重 F"（等于对绳的拉力 F 大小）所产生的加速度，即 $F = mg$。

4. 秒摆

周期 $T = 2$s 的单摆叫秒摆，地表附近摆长 $l \approx 1$m。

1.15.5 简谐振动的能量和阻尼振动

1. 简谐运动的能量变化

弹簧振子和单摆在振动过程中动能和势能不断地发生变化，在平衡位置时，动能最大，势能最小。在位移最大处时，势能最大，动能为零。从平衡位置向最大位移处运动过程中，动能减小，势能增大，而从最大位移处向平衡位置运动过程中，动能增大，势能减小。

2. 简谐运动的机械能守恒

弹簧振子和单摆是在弹力或重力的作用下发生振动的，如果不考虑摩擦和空气阻力，只有弹力或重力做功，那么振动系统的机械能守恒，即动能和势能的总和不变，其振幅不变，为等幅振荡。振动系统的机械能跟振幅有关，振幅越大，机械能就越大。

说明：对于简谐运动而言，由于机械能守恒，一旦供给振动系统以一定的能量，它就以一定的振幅永不停息地振动下去，故简谐运动是一种理想化的振动。

3. 阻尼振动

振动系统在振动过程中不可避免地要受到阻尼作用，其振动的机械能逐渐减小，振动系统振幅逐渐减小的振动叫**阻尼振动**。这是由于系统克服阻尼的作用做功，系统的机械能损耗造成的。

1.15.6 受迫振动和共振

1. 受迫振动

物体在周期性变化的外力作用下的振动叫受迫振动。

注意：周期性的外力又叫驱动力。

2. 受迫振动的频率

受迫振动稳定后，其振动的频率（或周期）等于驱动力的频率（或周期），与物体的固有频率无关。

3. 受迫振动的振幅

驱动力的频率与物体的固有频率越接近，受迫振动的振幅越大，其振幅与驱动力的频率关系如图 1.15 - 4 所示。

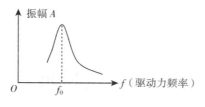

图 1.15 – 4

4．共振

（1）共振的定义

当驱动力频率等于物体的固有频率时，受迫振动的振幅最大，这种现象叫共振。

（2）共鸣

声音的共振叫共鸣。

（3）共振的应用和防止

共振的应用：当需要共振时，应使驱动力的频率接近或等于物体的固有频率。

共振的防止：当要防止共振时，应使驱动力的频率远离物体的固有频率。

1.16 机械波

1.16.1 机械波的形成与传播

1. 机械波的形成与传播

波源的振动引起介质中相邻质点的振动，通过各质点间的相互作用又依次引起更远的质点发生振动，导致机械振动由近及远地在介质中传播，于是便形成了机械波。

2. 机械波定义

机械振动在介质中的传播形成机械波。

3. 机械波的形成条件

（1）有波源的机械振动。

（2）有传播振动的介质。

4. 波的特征

（1）波是传播振动的运动形式，波源能量和信息的一种方式。

（2）波在传播过程中介质中各质点并不随波迁移，只在各自的平衡位置振动。

（3）沿着波的传播方向，离波源越远的质点开始振动（起振）的时刻越滞后。

（4）沿着波的传播方向，各个质点开始振动的方向均与波源开始振动的方向（起振方向）相同。

5. 注意波动与振动的区别

（1）振动是波动的起因，波动是振动在介质中向周围的传播。

（2）没有振动一定没有波动，有振动也不一定有波动，但有波动一定有振动。

1.16.2 横波和纵波

1. 横波

定义：质点的振动方向跟波的传播方向互相垂直的波，叫横波。

波峰：在横波中，凸起的最高处叫波峰。

波谷：在横波中，凹下的最低处叫波谷。

注意：横波是靠介质内部形变而产生的弹力作为回复力，横波只能在固体内传播，在液体、气体内部是不能传播的。如水面波是由水的表面张力和重力共同产生的。

2. 纵波

定义：质点的振动方向跟波的传播方向在同一直线上的波叫纵波。

密部：纵波中，质点分布最密的地方叫密部。

疏部：纵波中，质点分布最疏的地方叫疏部。

注意：纵波是靠介质质点间的相互挤压而产生的作用力作为回复力，故纵波在固体、液体、气体中都能传播。

1.16.3　描述机械波的物理量

1. 频率（f）

波的频率与波源的频率相同，波的频率是由波源决定的，同一列波在不同介质中传播时，频率不变。

说明：波动中介质中各质点的振动频率等于波源的频率，是因为介质中各质点都在波源的驱动下做受迫振动。

2. 波长（λ）

两个相邻的，振动状态总是相同（相对平衡位置的位移总是相等）的两质点间的距离叫波长。

（1）在横波中，两个相邻的波峰（或波谷）间的距离等于一个波长。

（2）在纵波中，两个相邻的密部（或疏部）间的距离等于一个波长。

（3）在波动中，沿波的传播方向，若两点间的距离等于波长（λ）的整数倍时，这两点的振动状态总是相同。

（4）波动中，沿波的传播方向，若两点间的距离等于半波长（$\dfrac{\lambda}{2}$）的奇数倍时，这两点的振动状态总是相反。

（5）波在一个周期内传播的距离等于一个波长。

3. 波速（v）

波在介质中传播的速度叫波速，也是质点振动状态传播的速度。

说明：

① 波速是由介质的性质决定的，同一类波在同一种介质中传播的速度相同。波从一种介质进入另一种介质时，频率不变，但传播速度即波速通常要发生变化。

② 波速并非是质点振动的速度，在同一介质中波的传播速度是恒定不变的，但质点的振动速度是不断变化的。

3. 波长、频率、波速的关系

$$v = \frac{\lambda}{T} = \lambda f$$

说明：

① 周期 T 和频率 f，只取决于波源，与波速 v 和波长 λ 均无关。

② 波速 v 决定于介质的性质，与 λ 和 f 均无关。

③ 波长 λ 则取决于 v 和 f（或 T），即由波的频率和介质共同决定。

1.16.4　波动图像和振动图像的区别

表 1.16 - 1

	波动图像	振动图像
横坐标	各质点的平衡位置	时间
纵坐标	各质点相对平衡位置的位移	某质点在各时刻相对平衡位置的位移
图线形状		
图像意义	表示某一时刻各质点相对平衡位置的位移	表示某一质点在各时刻相对平衡位置的位移
图线变化	随时间推移，图像沿传播方向平移	随时间推移，图像延续，但已有的图形形状不变
一段完整正余弦曲线	表示一个波长（λ）	表示一个周期（T）
质点振动方向判定	（1）上下坡法：上坡下、下坡上 （2）同侧法：振动方向与传播方向位于波形曲线同一侧 （3）带动法：沿波的传播方向，先振动的质点带动后振动的质点	（1）曲线倾斜向上表示质点速度为正，倾斜向下表示速度为负 （2）根据下一时刻的位移来判断

1.16.5　波的干涉

1. 波的叠加

几列波相遇时，任何一质点的总位移都等于这几列波分别引起的位移的矢量和。

2. 波的独立传播原理

介质中几列波相遇后，仍将保持着它们各自原有的特性（频率、振幅、振动方向、传播方向等）继续传播，并不因为有其他波的存在而发生变化，彼此间好像未曾相遇一样，这就是波的独立传播原理。只是相遇时质点的位移等于这几列波分别引起的位移的矢量和。

3. 波的干涉现象

频率相同的两列波叠加，使某些区域的振动加强，某些区域的振动减弱，并且振动加强和减弱的区域互相间隔的现象叫波的干涉现象。

4. 干涉的条件

两列波的频率相同是波的干涉的必要条件。

5. 稳定干涉

加强区和减弱区的位置互相间隔，且振动加强的点振动始终加强，振动减弱的点振动始终减弱，这种稳定的叠加现象叫稳定干涉。

6. 加强区与减弱区的判断

（1）如图 1.16 - 1 所示，加强点连线上各点的振动都是加强的，减弱点连线上各点的振动都是弱的。

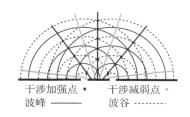

干涉加强点 •　　干涉减弱点 •
波峰 ———　　　波谷 ·········

图 1.16 - 1

注意：这个连线必须要过两波源之间，连线上的各点才会都是加强点或减弱点。

（2）波峰与波峰（或波谷与波谷）相遇为振动加强点，波峰与波谷相遇为振动减弱点。

（3）到两波源距离之差 $\Delta x = n\lambda$（$n = 0，1，2，\cdots$ 即波长的整数倍）的质点振动加强。

到两波源距离之差 $\Delta x = (2n + 1)\dfrac{\lambda}{2}$（$n = 0，1，2，\cdots$ 即半波长的奇数倍）的质点振动减弱。

注意：任意两列波相遇都会叠加，但要形成稳定的干涉图样，两列波的频率必须相同。

1.16.6　波的衍射

1. 定义

波绕过障碍物继续向前传播，即偏离直线传播的路径的现象叫波的衍射。

2. 能观察到明显衍射现象的条件

缝、孔或障碍物的尺寸与波长相差不多，或比波长更小。

说明：

① 障碍物或孔的尺寸大小，并不是决定衍射能否发生的条件，仅是衍射现象是否明显的条件，一般情况下，波长较大的波容易产生显著的衍射现象。

② 波传到小孔（或障碍物）时，小孔（或障碍物）仿佛一个新的波源，由它发出与原来同频率的波（称为子波）在孔（或障碍物）后继续传播，于是，就出现了偏离直线传播的衍射现象。

③ 当孔的尺寸远小于波长时尽管衍射现象十分突出，但由于衍射波的能量很弱，衍射现象并不容易观察到。

3. 干涉和衍射是波特有的现象

一切波都能发生干涉和衍射现象，但要形成稳定的干涉图样，两列波的频率必须相同。

1.16.7 多普勒效应

1. 现象

由于波源和观察者之间有相对运动，使观察者接受到的频率相对于波源的频率发生变化的现象叫多普勒效应。各种波都能发生多普勒效应。

2. 多普勒效应的实质

发生多普勒效应的实质是由于波源和观察者之间有相对运动，导致观察者接收到的频率发生了变化。

注意：波源发出的频率并不一定改变。

3. 多普勒效应的规律

当波源和观察者之间无相对运动时，观察者接收到的频率等于波源的频率。

当波源和观察者之间相对靠近时，观察者接收到的频率高于波源的频率。

当波源和观察者之间相对远离时，观察者接收到的频率低于波源的频率。

4. 多普勒效应的应用

① 医疗上，利用超声波的多普勒效应，可以测量心脏的血流速度。

② 利用多普勒效应测定流体的流速、检查车速等。

③ 在天文上利用多普勒效应测定人造卫星位置的变化，测定天体相对于地球的运行速度。

1.17 电磁振荡和电磁波

1.17.1 电磁振荡

1. 振荡电流

大小和方向随时间成周期性变化的电流叫振荡电流，能够产生振荡电流的电路叫振荡电路。

2. 电磁振荡

在振荡电路产生振荡电流的过程中，电容器极板上的电荷量，通过线圈的电流以及电荷间形成的电场、电流形成的磁场都发生周期性变化的现象，叫电磁振荡。

3. LC 振荡电路各物理量的变化规律

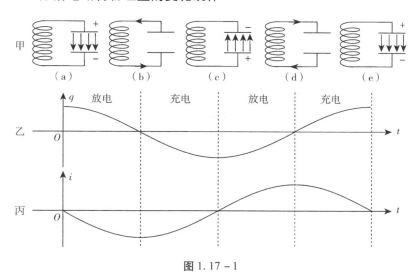

图 1.17 – 1

如图 1.17 – 1 甲所示为 LC 电路电磁振荡过程。

如图 1.17 – 1 乙所示为电容器极板上电量 q 的周期性变化（$q-t$ 图像的斜率表示电流 i ）。

如图 1.17 – 1 丙所示为振荡电流 i 的周期性变化（自感电流与 i 的变化率成正比，即 $i-t$ 图像的斜率表示自感电流）。

开始放电瞬间［图 1.17 – 1（a）时刻］：电容器极板上电量 q 最大，形成

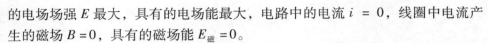

的电场场强 E 最大，具有的电场能最大，电路中的电流 $i=0$，线圈中电流产生的磁场 $B=0$，具有的磁场能 $E_磁=0$。

放电过程 ［图 $1.17-1$（a）→（b）过程］：电量 q 减小，电场 E 减小，电场能减小（转化为磁场能），放电电流 i 增大，方向从正极板流向负极板，磁场 B 增大，磁场能增大（减少的电场能转化为增加的磁场能）。

放电结束瞬间 ［图 $1.17-1$（b）时刻］：$q=0$，$E=0$，电场能 $E_电=0$，放电电流 i 达到最大，磁场 B 最大，磁场能最大（电场能全部转化为磁场能）。

充电过程 ［图 $1.17-1$（b）→（c）过程］：电量 q 反向增加，电场 E 反向增大，电场能增大，充电电流 i 减小，方向从负极板到正极板，磁场 B 减小，磁场能减小（磁场能转化为电场能）。

充电结束瞬间 ［图 $1.17-1$（c）时刻］：电量 q 反向最大，E 最大，电场能最大，放电电流 $i=0$，电流形成的磁场 $B=0$，磁场能 $E_磁=0$（磁场能又全部转化为电场能）。

反向放电及充电过程与正向充电及放电过程变化规律相同。

总结：

① 极板上电量 q、板间电场 E 及电场能 $E_电$ 与电流 i、磁场 B 及磁场能 $E_磁$ 的变化规律相反，前者增大，后者就减小，前者最大时后者就最小。

② 板间电场 E 及电场能 $E_电$ 与极板上电量 q 的变化规律相同，线圈电流产生的磁场 B 及磁场能 $E_磁$ 与线圈中电流 i 的变化规律相同，都发生周期性变化，但要注意电场能 $E_电$ 和磁场能 $E_磁$ 只有大小，没有方向，所以其变化的周期只有 LC 振荡周期的一半。

③ 放电过程电量 q 减小，放电电流 i 增大，方向从正极板流向负极板，充电过程电量 q 增大，充电电流 i 减小，方向从负极板流向正极板，且充电电流或放电电流与极板上电量的变化率成正比。

4. LC 振荡电路的周期、频率

LC 振荡电路的周期：$T = 2\pi\sqrt{LC}$

LC 振荡电路的频率：$f = \dfrac{1}{T} = \dfrac{1}{2\pi\sqrt{LC}}$

L 为电感线圈的自感系数，C 为电容器的电容。

1.17.2 电磁场与电磁波

1. 麦克斯韦电磁场理论

变化的电场产生磁场，变化的磁场产生电场。

（1）变化的磁场能够在周围空间产生电场，变化的电场能够在周围空间产生磁场。

（2）均匀变化的磁场产生稳定（恒定）的电场，均匀变化的电场产生稳定的磁场。

（3）振荡（即大小和方向周期性变化）的磁场产生同频率的振荡电场，振荡电场产生同频率的振荡磁场。

（4）稳定的磁场不产生电场，稳定的电场不产生磁场。

2. 电磁场

变化的电场在周围空间产生磁场，变化的磁场又在周围空间产生电场，变化的电场和磁场成为一个完整的整体，这就是电磁场。

3. 电磁波

（1）定义

交替产生的振荡电场和振荡磁场向周围空间的传播形成电磁波（如图 1.17 - 2 所示）。

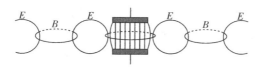

图 1.17 - 2

（2）电磁波的特点

① 电磁波是横波，在电磁波中，各处的电场强度 E 和磁感应强度 B 的方向总是垂直的，且与波的传播方向垂直。

② 电磁波的传播不需要介质，但传播的速度与介质有关，任何频率的电磁波在真空中的传播速度都等于真空中的光速 $c = 3 \times 10^8 \mathrm{m/s}$。

③ 电磁波的传播速度等于波长与频率的乘积，即 $v = \lambda \cdot f$。

④ 具有反射、折射、衍射和干涉的特性。

（3）麦克斯韦预言了电磁波的存在，但并没通过实验证实，而是在 1887 年由赫兹第一次用实验证实了电磁波的存在。

1.17.3　电磁波谱

1. 电磁波谱

按频率由低到高（或按波长由长到短）排列依次是：无线电波、红外线、可见光、紫外线、伦琴射线（X 射线）和 γ 射线（无线电波中又包括长波、中波、短波和微波）。

2. 频率不同的电磁波表现出不同的作用

（1）无线电波波长较长，容易发生干涉和衍射。

（2）红外线的主要作用是热效应，其应用还有红外遥感、红外摄影、红外遥控和加热物体等。

（3）可见光的主要作用是引起人的视觉反应。

（4）紫外线有显著的化学作用，可促使人体合成维生素 D，另外还有荧光作用，常用于防伪。紫外线还能杀死细菌，所以医院和食品店常用紫外线消毒。

（5）伦琴射线（X 射线）有很强的穿透作用，医院里用来拍片，工业上用于探伤。

（6）γ 射线是光子流，穿透作用更强，工业上用于探伤，医疗上用于放疗。另外，γ 射线对人体正常细胞有很强的破坏作用，要注意防护。

3. 电磁波的产生机理

（1）无线电波是振荡电路中自由电子周期性振荡产生的。

（2）红外线、可见光、紫外线都是原子的外层电子受激发产生的。

红外线：一切物体都在辐射红外线，物体的温度越高，辐射的红外线越强，波长越短。热辐射主要是红外线辐射。

紫外线：一切高温物体发出的光中都含有紫外线，有些物体可以专门发出紫外线。

（3）伦琴射线（X 射线）是原子的内层电子受激发后产生的，高速的电子流打到任何固体上都会产生 X 射线。

（4）γ 射线是原子核受到激发后产生的（在 α 衰变和 β 衰变的同时以 γ 射线的形式放出能量）。

1.17.4　无线电波的发射与接收

1. 无线电波的发射

（1）要向外发射无线电波，振荡电路必须具有如下特点：

① 要有足够高的频率。

② 采用开放电路，使电场和磁场分散到尽可能大的空间。

（2）载波、调制、调频和调幅

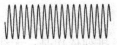
（a）载波：高频等幅波

（b）信号波（如音频信号波）

（c）调幅波（振幅随信号改变）

（d）调频波（频率随信号改变）

图 1.17－3

载波：发射电磁波是为了利用它来传递某种信号，这种信号是加在高频等幅电磁波上发射出去的，这种用来"运载"信号的高频等幅波，通常叫作载波［如图 1.17 - 3（a）所示］。

调制：利用无线电传递信号，要求发射的无线电波随信号而改变，使无线电波随信号而改变叫调制［如图 1.17 - 3（b）所示］。常用的调制方法有调幅和调频两种。

调幅（AM）：使高频振荡的振幅随信号而改变叫调幅，经过调幅以后发射出去的无线电波叫调幅波［如图 1.17 - 3（c）所示］。

调频（AF）：使高频振荡的频率随信号而改变叫调频，经过调频以后发射出去的无线电波叫调频波［如图 1.17 - 3（d）所示］。

（3）发射电路的组成

在无线电波的发射中必须有振荡器、调制器、天线和地线，还要用到放大器。

2. 无线电波的传播

发射出去的电磁波，因波长不同，传播的方式也不同，无线电波有三种主要传播方式：

（1）地波：沿地球表面空间传播的无线电波叫作地波。根据波的衍射条件可知，长波、中波和中短波可用地波传播，但短波和微波则不宜用地波传播。

（2）天波：依靠电离层的反射来传播的无线电波叫作天波。实验证明，短波最适宜以天波的形式传播。

（3）直线传播：微波一般都采取这种传播方式，即直线传播。由于这种传播方式受大气干扰小，能量损耗少，所以接收到的信号较强而且比较稳定，电视、雷达采用的都是微波。沿直线传播的电磁波叫空间波或视波。

3. 无线电波的接收

（1）无线电波的接收原理：电磁波在空间传播过程中如果遇到导体，会使导体中感应出振荡电流，因此，空间中的导体可以用来接收电磁波。

（2）电谐振：当接收电路的固有频率与接收到的无线电波的频率相同时，激起的振荡电流最强，这就是**电谐振**现象。

（3）调谐：使接收电路产生电谐振的过程叫调谐，能够调谐的接收电路叫调谐电路，收音机的调谐电路，是通过调节可变电容器的电容来改变电路的频率而实现调谐的。

（4）解调：从经过调制的调频振荡中"检"出调制信号的过程，叫作**检波**，检波是调制的逆过程，也叫**解调**。

1.18　光的折射

1.18.1　光的直线传播

1. 介质
光能够在其中传播的物质叫介质，如空气、玻璃等。

2. 光沿直线传播的条件
光在同一种均匀介质中沿直线传播。

3. 光速
（1）光在真空中的传播速度 $c = 3 \times 10^8 \mathrm{m/s}$。

（2）在其他介质中的传播速度 $v = \dfrac{c}{n}$，式中 n 为介质的折射率，因为 $n > 1$，故 $v < c$。

1.18.2　光的反射

1. 光的反射定律
（1）反射光线和入射光线在同一平面内。
（2）反射光线和入射光线分居法线的两侧。
（3）反射角等于入射角。

2. 光的反射分类
漫反射：使平行入射的光线沿不同方向反射出去的反射叫漫反射。

镜面反射：使平行入射的光线沿同一方向平行反射出去的反射叫镜面反射。

说明：无论是镜面反射还是漫反射，每条光线都遵循光的反射定律。

3. 光路可逆原理
所有的几何光路都是可逆的。

4. 平面镜对光的作用特点
平面镜是利用光的反射来控制光路和成像的光学器件。

（1）平面镜对光束的作用：平面镜反射光束时，只改变光束的传播方向，不改变光束的性质，即入射光束分别为平行、发散和会聚光束时经平面镜反射后仍分别为平行、发散和会聚光束。

（2）入射光线方向保持不变时，平面镜绕沿镜面的轴线转过 θ 角，反射光线将转过 2θ 角。

（3）平面镜成像的特点：平面镜成的是与物等大的、正立的虚像，物与像关于镜面对称。

1.18.3　光的折射

1. 光的折射定义

光由一种介质斜射入另一种介质时，在界面上将发生光路改变的现象叫光的折射。光的折射不仅可以改变光路，还可改变光束的性质。

2. 光的折射定律

折射光线、入射光线和法线在同一平面内。

折射光线和入射光线分居法线两侧。

入射角的正弦与折射角的正弦之比是一个常数，即 $\dfrac{\sin\theta_1}{\sin\theta_2} = n$。

3. 折射率

（1）定义

光由真空射入某种介质发生折射时，入射角的正弦跟折射角的正弦之比，叫这种介质的折射率（比值定义法）。

（2）定义式

$$n = \frac{\sin\theta_1}{\sin\theta_2}$$

（3）意义

折射率是反映某种介质光学性质的物理量，折射率越大，对光的偏折能力越强。

说明：折射率的大小由介质本身性质及光的频率共同决定，与入射角、折射角的大小无关。

（4）折射率与光速的关系

$$n = \frac{c}{v}$$

说明：c 为光在真空中的传播速度，v 为光在该介质中的传播速度（由介质和光的频率决定）。

注意：因为光在真空中的传播速度 c 最大，所以任何介质的折射率均大于 1。

4. 光疏介质和光密介质

两种介质相比，折射率较大的介质叫**光密介质**，折射率较小的介质叫**光疏**

介质。

注意：

① 光密介质和光疏介质是相对的。

② 任何两种透明介质都可以通过比较光在其中传播速度的大小或折射率的大小来判定谁是光疏介质或光密介质。

1.18.4 全反射

1. 全反射

（1）定义

当光线从光密介质射到光疏介质的界面上时，若入射角大于或等于临界角，则折射光线消失，只产生反射的现象叫全反射。

（2）产生全反射的条件

① 光从光密介质射到光疏介质。

② 入射角大于或等于临界角。

2. 临界角 C

刚好发生全反射，即折射角等于90°时的入射角叫**临界角**，用字母 C 表示，即

$$\sin C = \frac{1}{n} = \frac{v}{c}$$

3. 全反射遵循的规律

① 折射角随着入射角的增大而增大，折射角增大的同时，折射光线的强度减弱，能量减小，而反射光线的强度增强，能量增加。

② 当入射角增大到某一角度（即临界角）时，折射光线完全消失（即折射角为90°），入射光线的能量全部反射回原介质，入射光与反射光遵循光的反射定律。

4. 全反射的应用

（1）全反射棱镜

① 用玻璃制成的截面为等腰直角三角形的棱镜叫全反射棱镜（如图1.18－1所示），其临界角约为45°。

② 如图1.18－1所示，当光垂直于它的一个界面射入后，会在其内部发生全反射。全反射棱镜比平面镜的反射率高，几乎可达100%。

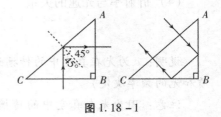

图 1.18－1

③ 全反射棱镜在实际生活中的应用有自行车的尾灯（如图 1.18 − 2 所示）。

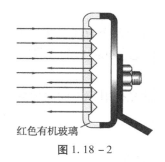

红色有机玻璃

图 1.18 − 2

（2）光导纤维

① 构造及传播原理：光导纤维是一种透明的玻璃纤维丝，由内芯和外套两层组成，内芯的折射率比外套大，光由一端进入，在两层的界面上经过多次全反射，从另一端射出（如图 1.18 − 3 所示）。

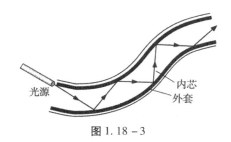

光源
内芯
外套

图 1.18 − 3

② 光导纤维在生活中的应用：光纤通讯、医学上的内窥镜。

（3）海市蜃楼：海面上的蜃景和沙漠上的蜃景是光的折射和全反射形成的光学幻景。

1.18.5　光的色散

1. 棱镜

横截面为三角形的光学元件叫棱镜，光线通过棱镜时，出射光线将向底面偏折（如图 1.18 − 4 所示），通过棱镜可看到物体的虚像，其位置向顶角偏移。

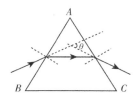

图 1.18 − 4

2. 光的色散

（1）现象

白光通过三棱镜后，出射光束变为红、橙、黄、绿、蓝、靛、紫七色的光束，这种现象叫光的色散。由七色光组成的光带叫光谱。

（2）光的色散的实质

由于同一种介质对不同的光折射率不同而形成的。

（3）光的色散说明

① 白光是一种复色光。

② 同一介质对不同色光的折射率不同：

从红光到紫光，各种色光的折射率增大，频率增大，波长变小，在同一介质中的传播速度变小。

1.19　光的波动性

1.19.1　光的干涉

1. 光的干涉的发现

1801 年，英国物理学家托马斯·杨在实验室里成功地观察到了光的干涉现象，开始让人们认识到光的波动性。

2. 光的干涉的定义

频率相同、振动情况相同的两列光波（相干光源）相叠加，某些区域的光被加强，另一些区域的光被减弱，并且加强的区域和减弱的区域相互间隔的现象称为光的干涉现象。

3. 杨氏双缝干涉实验

（1）双缝干涉实验装置：光源、单缝、双缝和光屏。

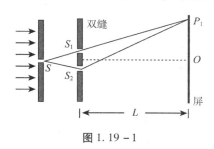

图 1.19 - 1

（2）单缝屏的作用：获得一个线光源，使光源有唯一的频率和振动情况，也可用激光（频率单一的相干光）直接照射双缝。

（3）双缝屏的作用：平行光照射到单缝 S 上后，又照射到双缝 S_1、S_2 上，这样一束光被分成两束频率相同且振动情况完全一致的相干光。

（4）实验现象

① 若用单色光作光源，干涉条纹是等间距的明暗相间的条纹。

② 若用白光作光源，则干涉条纹是彩色条纹，且中央条纹是白色的。

（5）实验结论：光是一种波。

4. 光产生干涉的条件

两列光的频率相同，相位相同，振动方向相同。

说明：杨氏双缝干涉实验是靠"一分为二"的方法获得两个相干光源的。

5. 双缝干涉规律

（1）当某点到两列光波的路程差为波长的整数倍［即 $\Delta s = n\lambda$（$n = 0$，1，2，…）］时，该处的光互相加强，出现亮条纹。

（2）当某点到两列光波的路程差为半波长的奇数倍［即 $\Delta s = (2n - 1)\dfrac{\lambda}{2}$（$n = 1$，2，3，…）］时，该处的光互相减弱，出现暗条纹。

6. 干涉条纹间距

在实验装置不变的条件下，干涉条纹间距（相邻两明条纹或两暗条纹中心间的距离）跟光的波长成正比，即

$$\Delta x = \frac{L}{d}\lambda$$

说明：

① L 为双缝到光屏的距离，d 为双缝间的距离，λ 为光的波长。

② 用红橙黄绿蓝靛紫各种单色光分别做双缝干涉实验时，其形成的干涉条纹间距从红光到紫光将越来越小。

③ 用白光做双缝干涉实验时，除中央亮条纹为白色外，两侧均为彩色的干涉条纹。

④ 用同一种单色光做双缝干涉实验时，双缝间距越小，条纹间距越大。双缝到光屏的距离越大，条纹间距越大。

7. 光的波长、波速和频率的关系

$$v = \lambda f$$

同一种光在不同介质中传播时，其频率 f 不变，波速 v 随介质发生变化，波长 λ 与光在介质中的波速成正比。

色光的颜色由光的频率决定，从红光到紫光（红橙黄绿蓝靛紫），光的频率变大，波长变小，对同一介质的折射率变大，若光的频率不变，则色光的颜色不变。

8. 薄膜干涉

（1）薄膜干涉的定义

由薄膜前、后表面反射的两列光波叠加而形成干涉条纹的现象叫光的薄膜干涉。

（2）薄膜干涉中相干光的获得

光照射到薄膜上，在薄膜的前后两个表面反射的光是由同一个实际光源分解而成的，它们具有相同的频率，恒定的相位差。

（3）薄膜干涉的原理

光照在厚度不同的薄膜上时，前后两个表面的反射光的路程差等于相应位

置薄膜厚度的 2 倍，在某些位置，两列光波叠加后相互加强，于是出现亮条纹。在另一些位置，两列光波叠加后相互削弱，于是出现暗条纹。

（4）薄膜干涉的规律

若入射光为单色光，可形成明暗相间的干涉条纹。

若入射光为白光，可形成彩色的干涉条纹。

每一条干涉条纹都是水平的。

注意：观察的是从膜前、后两表面反射回来的光的干涉（眼睛与光源在膜的同一侧）。

（5）薄膜干涉的应用

① 光学仪器上的增透膜与反射膜

增透膜的厚度应是透射光在薄膜中波长的 $\frac{1}{4}$ 倍，其前后表面反射光波相遇时刚好反相，叠加时相互削弱，这样可以减弱反射光的强度，增强透射光的强度，这样的膜叫**增透膜**。

反射膜的厚度应是透射光在薄膜中波长的 $\frac{1}{2}$ 倍，其前后表面反射光波相遇时刚好同相，叠加时相互加强，这样可以增强反射光的强度，这样的膜叫**反射膜**。

② 用干涉法检查平面的平整度

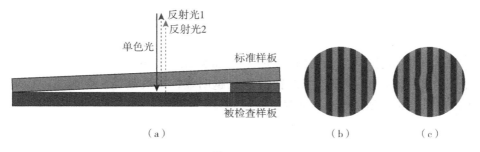

图 1.19 – 2

检查原理如图 1.19 – 2（a）所示，在标准样板与被检查样板之间垫一个薄片，使两板之间形成一个楔形的空气薄膜，用单色光从上面照射，空气薄膜的上下表面反射光波相遇叠加，空气层厚度相同的地方，两列光波的路程差相同，叠加时相互加强和减弱的情况也相同：

① 如果工件表面是平的，则形成的干涉条纹应是一条平行的直线，如图 1.19 – 2（b）所示。

② 如果工件表面不平，则形成的干涉条纹应发生弯曲，如图 1.19 – 2（c）所示。

说明：若干涉条纹向薄膜厚的一侧弯曲，说明条纹弯曲处被检查样板存在凹陷，若干涉条纹向薄膜薄的一侧弯曲，说明条纹弯曲处被检查样板存在凸起。

1.19.2 光的衍射

1. 定义

光离开直线传播的路径绕到障碍物阴影里去的现象叫**光的衍射**。

2. 产生明显衍射的条件

障碍物或孔的尺寸跟光的波长相差不多，或比光的波长小。

注意：

① 光的衍射与光的直线传播并不矛盾，光在同一种均匀介质中沿直线传播，当遇到障碍物、缝或孔时，如果它们的尺寸跟波长相差不多或比光的波长小，就发生明显的衍射现象。

② 光的直线传播只是一个近似的规律，各种不同形状的障碍物都能使光发生衍射，使得影像的轮廓模糊不清。

3. 常见的光的衍射现象

（1）光的单缝衍射

① 单色光单缝衍射：单色光通过狭缝时，在屏幕上出现明暗相间的条纹，中央为亮条纹且中央亮条纹较宽且亮度最高，两侧的亮条纹具有对称性，亮条纹宽度逐渐变窄，亮度逐渐减弱。

② 白光单缝衍射：白光通过狭缝时，在屏上出现彩色条纹，中央为白色亮纹，两侧为彩色条纹。

③ 单缝衍射特征：单缝衍射的条纹随缝宽而变化，对于同一种单色光（即光的波长一定），缝越窄时衍射现象越明显，条纹越宽。在缝宽一定时，光的波长越长，衍射现象越明显，条纹越宽。

④ 双缝干涉与单缝衍射的区别和联系如表 1.19 – 1 所示。

表 1.19 – 1

	光的干涉	光的衍射
产生条件	光的干涉要求频率相同的两列相干光相遇叠加。	任何光都能发生衍射，只有明显与不明显的区别。
条纹宽度	双缝干涉条纹是等宽的，条纹间距是相等的。	单缝衍射的条纹，中央亮纹最宽，两侧的亮纹逐渐变窄。

	光的干涉	光的衍射
条纹变化	双缝干涉的条纹间距与波长成正比，即 $\Delta x = \dfrac{L}{d}\lambda$，光的波长越长，条纹间距越大。双缝间距 d 越小，双缝到光屏距离 L 越大，条纹间距越大。	单缝衍射的条纹随缝宽而变化，对于同一种单色光（即光的波长一定），缝越窄时衍射现象越明显，条纹越宽。在缝宽一定时，光的波长越长，衍射现象越明显，条纹越宽。
相同点	① 都是明暗相间的条纹。 ② 都是光波叠加的结果。	
联系	① 光的衍射的实质是也是光的干涉形成的。 ② 在双缝干涉中，若遮住双缝中的一条狭缝，则双缝干涉条纹将会变成单缝的衍射条纹。	

（2）光的圆孔衍射

① 实验情景：如图1.19－3（a）所示，光照射到有一很小圆孔的挡板上，在挡板后面的屏上出现光的衍射现象叫光的圆孔衍射。

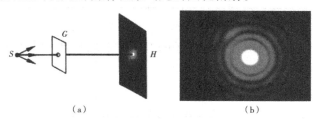

（a）　　　　　　　　　　（b）

图1.19－3

② 圆孔衍射特征

单色光圆孔衍射特征：如图1.19－3（b）所示，中央亮圆的亮度最高，外面是明暗相间的不等距的圆环，越向外，亮环亮度越低。

白光圆孔衍射特征：中央亮圆为白色，周围是彩色圆环。

（3）泊松亮斑——障碍物的衍射现象

① 实验情景：在单色光传播路径中，放一个较小的圆形障碍物，会发现在阴影中心有一个亮斑，这就是著名的泊松亮斑。

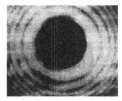

图1.19－4

② 图样特点：中央是一个亮斑，圆板阴影的边缘模糊，阴影外边有明暗相间的圆环。

注意：圆孔衍射和泊松亮斑的区分。

两种衍射现象都有明暗相间的圆环，但圆孔衍射图样中央是一较大的圆形亮斑，从内向外，亮环变窄，而泊松亮斑是在屏上阴影的中心出现的一个小的亮斑（即亮点）。

1.19.3 光的电磁说

光的电磁说：光是一种电磁波

（1）麦克斯韦根据他对电磁理论的研究，提出了光是一种电磁波，这就是光的电磁说。赫兹后来通过实验证实了麦克斯韦理论的正确性。

（2）麦克斯韦认为"光是一种电磁波"的依据为：

① 光波与电磁波的传播都不需要介质。

② 光波与电磁波在真空中的传播速度相同，都是 $c = 3 \times 10^8 \text{m/s}$。

③ 光波与电磁波都是横波。

（3）光是电磁波，是横波，光的传播方向与振动方向垂直。如图 1.19 - 5 所示是一列沿 z 轴正方向传播的光波，变化电场 E 与变化磁场 B 的方向相互垂直，且与波的传播方向垂直，其中 E 的方向就是光振动（沿 $\pm x$）方向。

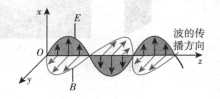

图 1.19 - 5

1.19.4 光的偏振

1. 偏振

横波只沿某一特定的方向振动，这种现象称为波的偏振。

2. 自然光

若光源发出的光，包括在垂直于传播方向上沿一切方向振动的光，而且沿各个方向的光波的强度都相同，这种光叫自然光。

自然光是由大量的、振动方向不同而互不相干的偏振光组成的。

一般光源直接发出的光都属于自然光，如太阳、电灯等普通光源发出的光都是自然光。

3. 偏振光

（1）偏振光的定义

在垂直于传播方向的平面上，只沿某一个特定方向振动的光，叫偏振光，或叫线偏振光。即线偏振光的光振动方向限定在一个平面内。

（2）偏振光的产生方式

① 平时看到的绝大部分光，都是不同程度的线偏振光，自然光在玻璃、水面、木质桌面等表面反射时，反射光和折射光都是线偏振光，入射角变化时，偏振的程度也有变化。

② 如图 1.19 - 6 所示，自然光通过偏振片 P 后变成线偏振光。

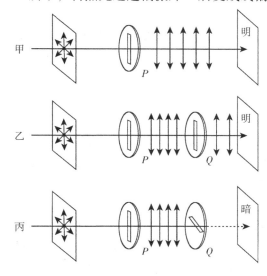

图 1.19 - 6

说明：偏振片由特殊的材料制成，它上面有一个特殊的方向（叫作透振方向），只有振动方向与透振方向平行的光波才能通过偏振片。偏振片并非刻有狭缝，而是具有一种特性，即存在一个偏振方向，只让振动方向平行于该方向的光通过，其他振动方向的光被吸收了。

如图 1.19 - 6 所示，第一个偏振片 P 的作用是把自然光变为偏振光，叫起偏器，第二个偏振片 Q 的作用是检验光是否是偏振光，叫检偏器。

③ 如图 1.19 - 7 所示，自然光射到两种介质分界面上时，如果光入射的方向合适，使反射光线和折射光线之间的夹角恰好是 90° 时，反射光和折射光都是偏振光，而且偏振方向相互垂直，反射光的光振动垂直于纸面，折射光的光振动在纸面内。

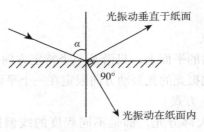

图 1.19 - 7

（3）光的偏振的意义

光的偏振说明光是横波。

（4）光的偏振的应用

照相机镜头，电子表的液晶显示屏，立体电影以及消除车灯眩光等都利用了光的偏振。

1.19.5 激光

1. 产生

原子发生受激辐射时，发出的光子的频率和发射方向等都跟入射光子完全一样，如果这样的光子在介质中传播时，再引起其他原子发生受激辐射，就会产生越来越多的频率和发射方向都相同的光子，使光得到加强（也叫光放大），这就是激光。

2. 激光的特点及应用

（1）方向性好（光子的发射方向相同），平行度高：可用来测距（如激光雷达），还可以用激光读 VCD 机、CD 唱机或计算机光盘上的信息，经过处理后还原成声音和图像。

（2）频率相同、单色性好：是一种人工相干光，所以它能像无线电波那样进行调制，并用来传递信息。光纤通信就是激光和光导纤维相结合的产物。

（3）相干性好：激光中所有光子的频率是相同的，振动情况也完全相同，可用于全息照相、光纤通信等。

（4）亮度高，强度大：激光的强度可达 10^7 W/cm^2，可用于激光加工，如切割物质，医学上用作光刀，还可以利用激光引发核聚变。

（5）覆盖波段宽而且可调谐：用不同类型的激光器已经获得了从 X 射线到远红外波段的激光，并发明了不同类型的可调谐激光器。

1.20　相对论

1. 参考系、惯性系

（1）参考系：用来选做参考的、假定不动的物体，叫参考系。

（2）惯性系：如果牛顿运动定律在某个参考系中成立，这个参考系叫作惯性系，相对这个惯性系做匀速直线运动的另一个参考系也是惯性系。

2. 伽利略相对性原理

力学的规律在任何惯性参考系中都是一样的。

3. 经典时空观

（1）经典时空观认为时间和空间是脱离物质而存在的，是绝对的，时间和空间是相互独立、互不相关的。

说明：

① 时间指的是两个时刻之间的间隔，经典力学认为时间是绝对的，与外界事物无关。

② 经典时空观也叫绝对时空观，其特点是：时间、空间与物质及其运动完全无关，时间与空间也完全无关。

4. 伽利略速度变换公式

若车厢相对地面以 u 向前行驶，车厢内人相对车厢以速率 v' 向前跑，则人相对地面的速率为 $v = u + v'$。若人相对车向后跑时，则相对地面的速率为 $v = u - v'$（经典物理观点）。

5. 狭义相对论的两个基本假设

（1）爱因斯坦相对性原理：对不同的惯性系，物理规律（包括力学的和电磁的）都是一样的。

（2）光速不变原理：光在真空中运动的速度在任何惯性系中测得的数值都是相同的。

6. 狭义相对论中主要的效应

（1）运动长度会缩短。

（2）运动时钟会变慢。

（3）物体质量随速度的增大而变大。

（4）质量与能量之间存在关系 $E = mc^2$。

（5）任何物体的速度不能超过光速。

7. 时空的相对性

（1）同时的相对性

① 经典物理学认为：如果两个事件在一个惯性参考系中是同时发生的，那么在另一个惯性参考系中也一定是同时发生的。即同时是绝对的，与所在的惯性参考系无关。

② 狭义相对论的时空观认为：同时是相对的。即在一个惯性系中不同地点同时发生的两个事件，在另一个惯性系中不一定是同时发生的，这就是同时的相对性。

（2）时间间隔的相对性

① 经典时空观

某两个事件，在不同的惯性系中观察，它们的时间间隔总是相同的。

② 狭义相对论认为"动钟变慢"

定量计算：时间间隔的相对性公式 $\tau = \dfrac{\tau_0}{\sqrt{1 - \dfrac{u^2}{c^2}}}$

τ_0 是指同样的两件事在发生于同一地点的参考系内经历的时间，称为固有时。u 是相对运动的观察者的速率，所以说，在相对运动的参考系中观测，事件变化过程的时间间隔变大了，这叫作狭义相对论中的时间膨胀，这一现象称为相对论时间延缓，也称为"动钟变慢"。

定性描述：同样的两件事，在它们发生于同一地点的参考系内所经历的时间最短。在其他参考系内观测，这段时间要长些，这一现象称为时间的相对性，也称为"动钟变慢"。

8. 长度的相对性（长度缩短）

（1）经典的时空观

一条杆的长度不会因为观察者是否与杆做相对运动而不同。

（2）狭义相对论认为"动尺变短"

定量计算：狭义相对论中的长度公式 $l = l_0 \sqrt{1 - \dfrac{u^2}{c^2}}$

l_0 为人与棒相对静止时观察到的长度，u 是相对运动的观察者的速率，所以人与棒相对运动时观察到长度缩短，即"动尺变短"。

注意：

① 垂直于杆的运动方向上，杆的长度不变。

② 运动的棒的长度的测量必须建立在同时进行观测的基础上。

定性描述：一根棒在运动时的长度总要比它静止时的长度小，这一现象称为相对论长度收缩或洛伦兹收缩，也常通俗地称为"动棒缩短"。

9. 相对论时空观

（1）经典时空观：空间和时间脱离物质而存在，是绝对的，空间和时间没有联系，即与物质的运动无关。

（2）狭义相对论时空观：空间和时间与物质运动状态有关，是相对的。

时间和空间的量度都与物体的运动有关。运动的棒的长度的测量必须建立在同时进行观测的基础上，说明时间和空间的量度又是相互紧密联系的。

10. 相对论速度变换公式

设参考系对地面的运动速度为 u，参考系中的物体以速度 v' 沿参考系运动的方向相对参考系运动，那么物体相对地面的速度 v 为

$$v = \frac{u + v'}{1 + \dfrac{uv'}{c^2}}$$

（1）当物体运动方向与参考系相对地面的运动方向相反时，公式中的 v' 取负值。

（2）若物体运动方向与参考系运动方向不共线，此式不可用。

（3）由上式可知，v 一定比 $u + v'$ 小，但当 $u \ll c$ 时，可认为 $v = u + v'$，这就是低速下的近似，即经典力学中的速度叠加。

（4）当 $v' = u = c$ 时，$v = c$，即证明了光速是速度的极限，也反证了光速不变原理。

11. 相对论质量

经典力学观点：物体的质量是不变的，一定的力作用在物体上产生一定的加速度，经过足够长时间后物体可以达到任意的速度。

相对论观点：物体的质量随物体运动速率的增加而增大。物体以速率 v 运动时的质量 m 与静止时的质量 m_0 之间的关系是

$$m = \frac{m_0}{\sqrt{1 - \dfrac{v^2}{c^2}}}$$

因为总有 $v < c$，可知运动物体的质量 m 总要大于它静止时的质量 m_0。

说明：

① 当 $v \ll c$ 时，$\dfrac{v^2}{c^2} = 0$，此时有 $m = m_0$，也就是说，低速运动的物体，可认为其质量与物体的运动状态无关。

② 物体的运动速率无限接近光速时，其相对论质量也将无限增大，其惯性也将无限增大，其运动状态的改变也就越难，所以超光速是不可能的。

结论：光速 c 是宇宙速度的极限，且相对于任何参考系，光速都是不变的。

12. 质能方程

（1）物体的质量 m 与其蕴含的能量 E 之间的关系是

$$E = mc^2$$

此式是著名的爱因斯坦质能关系，也叫质能方程。式中，m 是物体的质量，E 是物体具有的能量，c 是光速。

（2）理解

质能方程表达了物体的质量和它所具有的能量的关系。一定的质量总是和一定的能量相对应。静止物体的质量叫静质量，它的能量叫静能量，它们之间的关系为

$$E_0 = m_0 c^2$$

（3）质能关系

① 相对于一个惯性参考系，以速度 v 运动的物体其具有的相对论能量

$$E = mc^2 = \frac{m_0 c^2}{1 - \dfrac{v^2}{c^2}} = \frac{E_0}{1 - \dfrac{v^2}{c^2}}$$

其中 $E_0 = m_0 c^2$ 为物体相对于参考系静止时的能量。

②物体的能量变化 ΔE 与质量变化 Δm 的对应关系为

$$\Delta E = \Delta m c^2$$

1.21　原子结构

1.21.1　电子的发现

1. 阴极射线

（1）19 世纪，科学家用真空度很高的真空管做放电实验时，发现真空管的阴极会发射出一种射线，这种射线叫作阴极射线。

（2）英国物理学家汤姆孙发现阴极射线在磁场和电场中产生偏转，确定了阴极射线是一种带负电的粒子流。

（3）阴极射线的特点

① 在真空中沿直线传播。

② 碰到物体可使物体发出荧光。

（4）汤姆孙发现阴极射线中的粒子比荷（荷质比）是氢离子比荷的 1 000 多倍，而两者电荷量相同。汤姆孙把他发现的这种粒子命名为电子。

结论：汤姆孙通过阴极射线发现了电子。

2. 电子电荷量

密立根通过著名的"油滴实验"精确地测出了电子电荷量。

电子电荷量一般取 $e = 1.6 \times 10^{-19}$ C，电子质量 $m_e = 9.1 \times 10^{-31}$ kg。

1.21.2　原子的核式结构模型

1. 汤姆孙的"枣糕模型"

1904 年，汤姆孙提出了影响较大的"枣糕模型"——不正确。

2. α 粒子散射实验

（1）实验现象：绝大多数 α 粒子穿过金箔后，基本上仍沿原来的方向前进，但有少数 α 粒子偏转的角度超过了 90°，个别的甚至接近 180°。

（2）α 粒子散射实验的结果用汤姆孙的"枣糕模型"无法解释，从而否定了"枣糕模型"的正确性。

3. 卢瑟福的核式结构模型

（1）内容

在原子中心有一个很小的核，叫原子核。它集中了原子全部的正电荷和几乎全部的质量，电子在核外空间运动（如图 1.21 - 1 所示）。

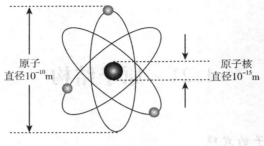

图 1.21-1

说明：原子的核式结构模型是卢瑟福于 1911 年在 α 粒子散射实验基础上提出的。

（2）原子核的大小

原子核半径的数量级为 10^{-15} m，而整个原子半径的数量级是 10^{-10} m。因而原子内部十分"空旷"。

（3）卢瑟福的核式结构模型可以很好地解释 α 粒子散射实验现象（如图 1.21-2 所示）。

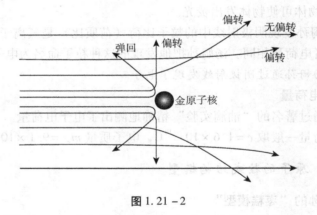

图 1.21-2

1.21.3 光谱

1. 光谱的定义

复色光通过棱镜分光后，分解成一系列单色光，而且按波长长短的顺序排列成一条光带，称为光谱。

2. 光谱的分类和比较

（1）发射光谱：发光物质直接发光产生的光谱叫发射光谱，包括连续谱和明线光谱。

连续谱：炽热固体、液体和高压气体发光形成，光谱连续分布，一切波长的光都有。

明线光谱：稀薄气体发光形成，光谱由一些不连续的亮线组成，不同元素的谱线不同。

（2）吸收光谱：炽热的白光通过温度较低的气体后，某些波长的光被吸收后形成，用分光镜观察时，见到连续谱背景上出现一些暗线，且暗线与这种原子的线状谱对应。

（3）线状谱：明线光谱和吸收光谱都属于线状谱，都是分离的谱线。

（4）原子光谱：对于同一种原子，线状谱的位置是相同的，这样的谱线称为原子光谱。

3. 太阳光谱

（1）太阳光谱的特点：在连续谱的背景上出现一些不连续的暗线，是一种吸收光谱。

（2）产生原因：当太阳光穿过太阳的高层大气射向地球时，太阳高层大气中含有的元素会吸收它自己特征谱线的光，这就形成了连续谱背景下的暗线。

4. 光谱分析

（1）由于原子发光的频率只与原子结构有关，因此可以把某种原子的光谱当作该原子的"指纹"，用来鉴别物质的化学组成中是否存在这种原子以及含量的多少等，这种方法叫作光谱分析。

（2）可用于光谱分析的光谱：明线光谱和吸收光谱。

1.21.4 氢原子光谱

1. 巴尔末公式

$$\frac{1}{\lambda} = R_H\left(\frac{1}{2^2} - \frac{1}{n^2}\right), n = 3,4,5,\cdots$$

注：R_H 称为里德伯常量。

（1）公式特点：公式等号右边括号内第一项都是 $\frac{1}{2^2}$。

（2）巴尔末公式说明氢原子光谱的波长只能取分立值，不能取连续值。巴尔末公式以简洁的形式反映了氢原子的线状谱，即辐射波长的分立特征。

注意：只确定了氢原子发光中一个线系的波长，不能描述氢原子发出的各种光的波长，也不能描述其他原子的发光，适用于整个巴尔末系的包括可见光和紫外光。

2. 其他公式

氢原子光谱在红外光和紫外光区域的其他谱线满足与巴尔末公式类似的其他公式。如赖曼系在紫外光区，公式为 $\frac{1}{\lambda} = R_H\left(\frac{1}{1^2} - \frac{1}{n^2}\right)$，其中 $n = 2，3，$

4，…

广义巴尔末公式：$\dfrac{1}{\lambda} = R_\mathrm{H}\left(\dfrac{1}{m^2} - \dfrac{1}{n^2}\right)$（$m = 1,2,3,\cdots. n = m+1, m+2, m+3,\cdots$）

1.21.5 玻尔理论

1. 光子说

爱因斯坦于 1905 年提出光子说：光在空间的传播是不连续的，是一份一份的，每一份叫作一个**光量子**，简称**光子**。光子的能量为

$$E = h\nu$$

h 为普朗克常量，大小为 $h = 6.625 \times 10^{-34}\mathrm{J \cdot s}$，$\nu$ 为光子的频率。

2. 玻尔理论

（1）能量量子化：原子只能处于一系列能量不连续的状态中，具有确定能量的稳定状态叫作定态，能量最低的状态叫**基态**，其他的状态叫**激发态**。

（2）能级跃迁（频率条件）：当电子从能量较高的定态轨道（E_m）跃迁到能量较低的定态轨道（E_n）时会放出能量为 $h\nu$ 的光子，则 $h\nu = E_m - E_n$。反之，当电子吸收光子时会从较低的能量态跃迁到较高的能量态，吸收的光子能量同样由频率条件决定。

（3）轨道量子化：原子的不同能量状态对应电子的不同运行轨道。

3. 能级概念及氢原子能级图

在玻尔模型中，原子的轨道状态是不连续的，各状态对应的能量也是不连续的，这些不连续的能量值叫能级，氢原子的能级如图 1.21 - 3 所示。

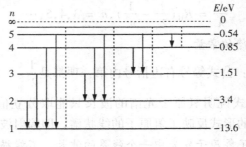

图 1.21 - 3

（1）氢原子各能级的关系

轨道半径 $r_n = n^2 r_1$，其中 $r_1 = 0.053\mathrm{nm}$，$n = 1,2,3,\cdots$ 叫量子数。

激发态能量 $E_n = \dfrac{E_1}{n^2}$，其中 $E_1 = -13.6\mathrm{eV}$ 为基态能量（取无穷远即电离后的能量为零）。

（2）原子的能量包括原子的原子核与电子所具有的电势能和电子动能。

（3）原子从基态跃迁到激发态要吸收一定频率的光子，而从激发态跃迁到低能级时要以光子的形式辐射能量，但无论是吸收还是放出能量，这个能量都是不连续的，其值等于两个能级的能量差，即

$$h\upsilon = E_m - E_n \ (m > n)$$

（4）一群处于量子数为 n 的激发态的氢原子，可能辐射出的光谱线（光子种数）数为

$$N = \frac{n(n-1)}{2}$$

（5）在氢原子的能级跃迁中，放出或吸收的光子能量必须满足

$$h\upsilon = E_m - E_n \ (m > n)$$

说明：

① 当光子能量大于或等于某个能级的能量时，可被氢原子吸收，使处于该能级的氢原子电离。当氢原子吸收的光子能量等于某个能级的能量时刚被电离，若大于某个能级的能量时，则电离后电子还有一定的初动能。

② 当实物粒子与氢原子碰撞时，实物粒子的动能可全部或部分被氢原子吸收，所以入射实物粒子的动能只要大于（或等于）两能级能量差，即可被氢原子吸收，此时不受光子吸收规律的限制。

4. 玻尔原子结构理论的意义

（1）玻尔用定态和跃迁的概念成功地解释了氢原子光谱的实验规律，同时也揭示了微观世界中的"量子"现象，由此推动了量子理论的发展。

（2）玻尔理论不能说明谱线的强度和偏振情况，在解释具有两个以上电子的原子的复杂光谱时也遇到了困难。

5. 原子的能级跃迁与电离

（1）能级跃迁包括辐射跃迁和吸收跃迁，可表示如下：

高能级 E_m 向低能级 E_n 跃迁辐射光子 $h\upsilon = E_m - E_n$。

低能级 E_n 向高能级 E_m 跃迁吸收光子 $h\upsilon = E_m - E_n$。

（2）当光子能量大于或等于 13.6eV 时，也可以被处于基态的氢原子吸收，从而使氢原子电离。当处于基态的氢原子吸收的光子能量大于 13.6eV 时，氢原子电离后，电子具有一定的初动能。

（3）原子还可吸收外来实物粒子（如自由电子）的能量而被激发。由于实物粒子的动能可全部或部分被原子吸收，所以只要入射粒子的能量大于或等于两能级的能量差（$E = E_m - E_n$），均可使原子发生能级跃迁。

1.22 原子核

1.22.1 原子核的组成

1. 原子核的组成

（1）1919 年，卢瑟福用 α 粒子轰击氮原子核，发现了氢原子核，即质子从氮原子核中被打出来。

（2）卢瑟福在 1920 年提出猜想：核内可能还存在一种电中性的粒子。

（3）1932 年，英国物理学家查德威克用 α 粒子轰击铍时，得到了一种不带电的粒子，它的质量几乎与质子相等，这就是卢瑟福预言的中性粒子，也就是中子。

结论：原子核由质子和中子构成，质子和中子统称为核子。

2. 原子核的符号

（1）原子核的电荷数：等于原子核的质子数，即原子的原子序数。

（2）原子核的质量数：等于质子数和中子数的总和。

（3）原子核的表示，如图 1.22 - 1 所示。

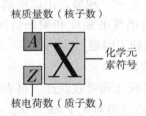

核质量数（核子数）
化学元素符号
核电荷数（质子数）

图 1.22 - 1

注意：

① 符号 $^A_Z X$ 表示的是原子核而不是原子。

② X 表示原子核所属的化学元素符号，并在其左下角和左上角分别标出它的核电荷数和质量数。

（4）同位素：原子序数相同而中子数不同的原子核互称为同位素，例如氢的同位素有 $^1_1 H$，$^2_1 H$，$^3_1 H$。

注意：同位素的化学性质相同，而物理性质不同。

3. 原子核中的两个等式

（1）核电荷数（Z）= 质子数 = 元素的原子序数 = 核外电子数。

（2）质量数（A）= 核子数 = 质子数 + 中子数。

1.22.2　核力

1. 核力

（1）定义：核子之间的相互作用力，称为核力，也称强力（因核子是强子）。

（2）核力的特征

① 在核的线度内，核力比库仑力大得多。

② 核力是短程力，当两核子中心相距大于核子本身线度时，核力几乎完全消失。

③ 核力与电荷无关，质子与质子、质子与中子以及中子与中子之间的核力是相等的。

2. 原子核中质子和中子的比例

由于核力是短程力，自然界中较轻的原子核，质子数与中子数大致相等，但较重的原子核，中子数大于质子数，越重的原子核，两者相差越多。

原因：质子越多（即原子序数大）的原子核，需要更多的中子来维持核的稳定（即用中子间相互作用的核力，也就是吸引力来抵消质子间的排斥力），所以在大而稳定的原子核中，中子的数量多于质子。

1.22.3　原子核的人工转变

1. 原子核人工转变的定义

用一定能量的粒子轰击原子核，改变了核的结构，我们把这样的过程叫原子核的**人工转变**。

2. 原子核人工转变的实质

以基本粒子（α 粒子、质子、中子等）作为"炮弹"去轰击原子核（靶核 X），从而促使原子核发生变化，生成了新原子核（Y），并放出某种粒子。

3. 规律

在所有核反应中，都遵从"质量数守恒，核电荷数守恒"的规律。

4. 典型的原子核人工转变

（1）1919 年，卢瑟福发现**质子**的核反应方程（用 α 粒子轰击氮原子核）：

$$_2^4\text{He} + _7^{14}\text{N} \rightarrow _8^{17}\text{O} + _1^1\text{H}$$

（2）1932 年，查德威克发现**中子**的核反应方程（用 α 粒子轰击铍原子核）：

$$_2^4\text{He} + _4^9\text{Be} \rightarrow _6^{12}\text{C} + _0^1\text{n}$$

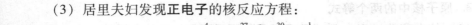
（3）居里夫妇发现**正电子**的核反应方程：

$$_2^4He + _{13}^{27}Al \rightarrow _{15}^{30}P + _0^1n$$

$$_{15}^{30}P \rightarrow _{14}^{30}Si + _{+1}^0e$$

1.22.4　原子核的衰变

1. 定义

原子核自发地放出某种粒子而转变为新核的变化叫原子核的衰变。

（1）α 衰变

α 衰变规律：放出一个 α 粒子，新核比原核质量数减少 4 个，核电荷数（质子数）减少 2 个，衰变方程为：

$$_Z^AX \rightarrow _{Z-2}^{A-4}Y + _2^4He$$

α 衰变实例：如铀 $_{92}^{238}U$ 的 α 衰变生成新核 $_{90}^{234}Th$（钍），衰变方程为：

$$_{92}^{238}U \rightarrow _{90}^{234}Th + _2^4He$$

α 衰变实质：核内两个中子和两个质子结合得比较紧密，有时会作为一个整体从较大的原子核中射出，其反应方程为：

$$2_1^1H + 2_0^1n \rightarrow _2^4He$$

（2）β 衰变

β 衰变规律：放出一个 β 粒子，新核比原核相比，质量数不变，核电荷数增加 1 个，其衰变方程为：

$$_Z^AX \rightarrow _{Z+1}^AY + _{-1}^0e$$

β 衰变实例：α 衰变后的新核 $_{90}^{234}Th$ 又会发生 β 衰变生成新核 $_{91}^{234}Pa$（镤），衰变方程为：

$$_{90}^{234}Th \rightarrow _{91}^{234}Pa + _{-1}^0e$$

β 衰变实质：核内的中子可以转化为一个质子和一个电子，产生的电子从核中发射出来，就是 β 射线，其反应方程为：

$$_0^1n \rightarrow _1^1H + _{-1}^0e$$

（3）γ 射线

放射性元素在发生 α 衰变和 β 衰变后产生的新核往往处于较高能级，会自发地向低能级跃迁辐射光子即 γ 射线，因此 γ 射线通常是伴随 α 衰变和 β 衰变产生的。

2. 衰变规律

衰变过程中，核电荷（质子）数守恒，质量数守恒。

3. 半衰期（T）

（1）定义：放射性元素的原子核有半数发生衰变需要的时间（T）叫半衰期。

150

（2）特征：半衰期的大小由放射性元素的原子核内部本身的因素决定，跟其所处的物理状态或化学状态无关。对于同一种元素，其半衰期是一定的，与所处环境的温度、压强，还是处于单质、化合物状态均无关，外界物理化学环境的变化都不影响元素的半衰期，但不同元素的半衰期一般不同，有的差别很大。

（3）半衰期是一种统计规律：对于大量的原子核发生衰变才具有实际意义，而对于少量的原子核发生衰变，该统计规律不再适用。

（4）剩余原子核的质量：

$$m = m_0 \left(\frac{1}{2}\right)^n = m_0 \left(\frac{1}{2}\right)^{\frac{t}{T}}$$

剩余原子核数：

$$N = N_0 \left(\frac{1}{2}\right)^n$$

说明：m_0 为衰变前原子核的质量，N_0 为衰变前的原子核数，$n = \dfrac{t}{T}$ 为经历的半衰期数（t 为经过的衰变时间）

1.22.5　天然放射现象

（1）1896 年，法国物理学家贝克勒尔发现了天然放射现象，天然放射现象的发现说明原子核具有复杂的结构。

（2）原子序数大于或等于 83 的所有元素都具有放射性，有些原子序数小于 83 的元素也有放射性。

（3）放射性与元素的存在状态（物理或化学状态）无关。

（4）三种射线的本质和特征如表 1.22－1 所示：

表 1.22－1

	α 射线	β 射线	γ 射线
本质	高速 α 粒子流（氦原子核 $_2^4\text{He}$）	高速电子流（$_{-1}^{\ 0}e$）	光子流
电量	$+2e$	$-e$	0
质量	$4m$（m 为质子或中子的质量）	$\dfrac{m}{1840}$	静止质量为零
速度	光速的 $\dfrac{1}{10}$	光速的 99%	光速 c
穿透本领	最弱，在空气中只能前进几厘米，用纸都能挡住	较强，能穿透几毫米的铝板	最强，能穿透几厘米厚的铅板
电离作用	很强	较弱	最弱

	α 射线	β 射线	γ 射线
产生机制	核内两个中子和两个质子结合得比较紧密，有时会作为一个整体从较大的原子核中射出来，核反应方程为：$2_1^1H + 2_0^1n \rightarrow {_2^4}He$	核内的中子可以转化为一个质子和一个电子，产生的电子从核中发射出来，即 β 射线，核反应方程为：$_0^1n \rightarrow {_1^1}H + {_{-1}^0}e$	放射性元素在发生 α 衰变和 β 衰变后产生的新核往往处于较高能级，会自发地向低能级跃迁而辐射光子（γ 射线）

1.22.6 放射性的应用、危害与防护

1. 放射性的应用

（1）利用射线的特性：

① α 射线带电，能量大，电离作用很强，可用来消除静电。

② 由 β 射线射穿薄物或经过薄物反射后的衰减程度可测定薄物的厚度与密度。

③ γ 射线穿透能力极强，可用来透视和探伤。γ 射线对生物组织会产生物理化学的效应，可用来培育良种，杀死癌细胞。

（2）作为示踪原子：把放射性同位素的原子及其化合物掺到其他物质中，可以了解放射性同位素在其他物质中的位置、数量、运动和迁移情况。

（3）利用衰变特性：在考古学中，可以利用测定发掘物中 $_6^{14}C$ 放射性元素的含量，来确定它的年代。

（4）其他应用：在地质学上，利用射线勘探矿藏。

2. 放射性的危害与防护

在自然界中，存在于人体身边的放射性来源众多。放射性对人体组织造成的伤害将导致细胞损伤，甚至破坏人体 DNA 的分子结构。防护的基本方法有

（1）距离防护。

（2）时间防护。

（3）屏蔽防护。

（4）仪器监测。

1.22.7 原子核的结合能

1. 结合能

核子结合成原子核时释放的能量或原子核分解为核子时吸收的能量叫作原子核的结合能。

2. 比结合能

原子核的结合能与核子数之比，称为原子核的比结合能。比结合能越大，原子核就越稳定。

3. 比结合能曲线及特点

比结合能曲线，如图1.22-2所示。

（1）比结合能越大，取出一个核子就越困难，原子核就越稳定，比结合能是原子核稳定程度的量度。

（2）曲线中间高两头低，说明中等质量的原子核的比结合能最大，近似等于一个常数，也表明中等质量的原子核最稳定。

（3）质量较大的重核和质量较小的轻核比结合能都较小，且轻核的比结合能还有些起伏。

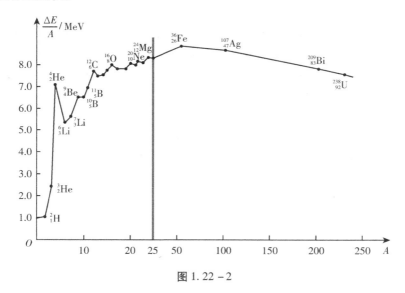

图 1.22-2

1.22.8 质能方程和质量亏损与能量

1. 质能方程

爱因斯坦的相对论指出，物体的能量和质量之间存在着密切的联系，其关系为

$$E = mc^2$$

这个方程是爱因斯坦提出的质能方程，其中 c 是真空中的光速，m 是物体的质量，E 是物体的能量，其中包含了物体的各种形式的能量。

物体质量增加，则总能量随之增加；质量减少，总能量也随之减少，这时质能方程可写成：

$$\Delta E = \Delta m c^2$$

Δm 是物体的质量亏损，ΔE 是物体质量变化时释放或吸收的能量。

2. 质量亏损

核反应中的质量减少叫质量亏损。

注意：质量亏损，并不是质量消失，由爱因斯坦的质能方程可以知道物体减少的质量在核子结合成新核的过程中以能量的形式辐射出去了。

3. 核能的计算

（1）利用质能方程来计算核能

①根据核反应方程，计算核反应前后的质量亏损 Δm。

②根据爱因斯坦质能方程 $\Delta E = \Delta m c^2$ 计算核能。

在方程 $\Delta E = \Delta m c^2$ 中，若 Δm 的单位用 "kg"，c 的单位用 "m/s"，则 ΔE 的单位为 "J"。

若 Δm 的单位用 "u"，可直接用质量与能量的关系式 $1u$ 相当于 $931.5 MeV$ 推算 ΔE，此时 ΔE 的单位为 "MeV"，计算时应用核反应时质量亏损的原子质量单位数乘以 $931.5 MeV$，即 $\Delta E = \Delta m \times 931.5 MeV$，也可用 $1uc^2 = 931.5 MeV$。

（2）利用平均结合能来计算核能

原子核的结合能 = 核子的平均结合能×核子数。核反应中反应前系统内所有原子核的总结合能与反应后生成的所有新核的总结合能之差，就是该次核反应所释放（或吸收）的核能。

1.22.9 核裂变

1. 核裂变

（1）核裂变定义

把重核分裂成几个中等质量原子核的现象叫核裂变。

（2）核裂变举例

$$_{92}^{235}U + _{0}^{1}n \rightarrow _{56}^{144}Ba + _{36}^{89}Kr + 3_{0}^{1}n$$

2. 链式反应

由重核裂变产生的中子使裂变反应一代接一代继续下去的过程，叫作核裂变的**链式反应**。

注意：重核的裂变只能发生在人为控制的核反应中，在自然界中不会自发地发生。铀核裂变不会自发地进行，要使铀核裂变，首先要利用中子轰击铀核，使铀核分裂，分裂产生更多的中子，这些中子继续与其他铀核发生反应，再引起新的裂变，这样就形成了链式反应。

链式反应的条件：

① 铀块的体积大于临界体积或铀块的质量大于临界质量。

说明：能够发生链式反应的裂变物质的最小体积叫作临界体积。与临界体积相对应的物质的质量叫临界质量。

② 有足够数量的慢中子。

2. 核电站

（1）组成部分

核电站是利用核能发电的装置，它的核心设施是反应堆，它主要由以下几部分组成：

① 燃料：铀棒。

② 慢化剂：铀235容易捕获慢中子发生反应，采用石墨、重水或普通水作慢化剂。

③ 控制棒：采用在反应堆中插入镉棒的方法，利用镉吸收中子的能力很强的特性，控制链式反应的速度。

（2）工作原理

核燃料裂变释放能量，使反应区温度升高。利用水或液态的金属钠等流体把反应堆内的热量传输出去，用于发电。

1.22.10 核聚变（热核反应）

1. 定义

把较轻原子核聚合成较重原子核的反应称为**聚变反应**，简称**核聚变**，也称**热核反应**。

2. 热核反应举例

$$_1^2H +_1^3H \rightarrow _2^4He +_0^1n$$

3. 聚变发生的条件

要使轻核聚变，必须使轻核接近核力发生作用的距离 10^{-15} m，这要克服电荷间强大的库仑斥力的作用，要求轻核具有足够大的动能。要使轻核具有足够大的动能，有一种方法就是给它们加热，使物质达到 10^8 K 以上的高温。

4. 重核裂变与轻核聚变的区别

表 1.22 - 2

	重核裂变	轻核聚变
放能原理	重核分裂成两个或多个中等质量的原子核，放出核能	两个轻核结合成质量较大的原子核，放出核能
放能多少	聚变反应比裂变反应平均每个核子放出的能量大约要大3~4倍	
燃料储量	聚变燃料储量丰富	
废料处理	聚变反应的核废料处理要比裂变反应容易得多	

1.22.11 核子平均质量

1. 定义

原子核的质量除以核子数叫**核子的平均质量**。

2. 核子平均质量与原子序数的关系

原子核的质量虽然随着原子序数的增加而增大，但是二者之间并不存在正比关系。不同的原子核，其核子的平均质量与原子序数的关系如图 1.22 – 3 所示。

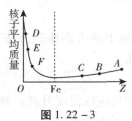

图 1.22 – 3

3. 规律

中等质量原子核核子的平均质量较小，重核和轻核的核子的平均质量较大。

4. 获得核能的途径

一是重核裂变，二是轻核聚变。

如果原子序数较大的重核 A 分裂成原子序数小一些的核 B 和 C，会有质量亏损，放出巨大的核能。如原子序数较小的轻核 D 和 E 聚变成 F，也会有质量亏损，放出巨大的核能。

1.22.12 四类核反应方程的比较

表 1.22 – 3

名称		核反应方程	时间	其他
衰变	α 衰变	$^{238}_{92}U \rightarrow ^{234}_{90}Th + ^{4}_{2}He$	1896 年	贝克勒尔
	β 衰变	$^{234}_{90}Th \rightarrow ^{234}_{91}Pa + ^{0}_{-1}e$		
裂变		$^{235}_{92}U + ^{1}_{0}n \rightarrow ^{90}_{38}Sr + ^{136}_{54}Xe + 10 ^{1}_{0}n + 141 MeV$	1938 年	原子弹原理
聚变		$^{2}_{1}H + ^{3}_{1}H \rightarrow ^{4}_{2}He + ^{1}_{0}n + 17.6 MeV$		氢弹原理
人工转变	正电子	$^{27}_{13}Al + ^{4}_{2}He \rightarrow ^{30}_{15}P + ^{1}_{0}n \quad ^{30}_{15}P \rightarrow ^{30}_{14}Si + ^{0}_{1}e$	1934 年	居里夫妇
	发现质子	$^{14}_{7}N + ^{4}_{2}He \rightarrow ^{17}_{8}O + ^{1}_{1}H$	1919 年	卢瑟福
	发现中子	$^{9}_{4}Be + ^{4}_{2}He \rightarrow ^{12}_{6}C + ^{1}_{0}n$	1932 年	查德威克

1.23 波粒二象性

1.23.1 黑体与黑体辐射

1. 热辐射

我们周围的一切物体都在辐射电磁波，这种辐射与物体的温度有关，所以叫热辐射。

2. 黑体

如果某物体能够全部吸收外来电磁波而不发生反射，这种物体称为绝对黑体，简称黑体。

3. 黑体辐射

加热腔体，黑体表面就向外辐射电磁波，这就是黑体辐射。

4. 黑体辐射的实验规律

（1）黑体辐射电磁波的强度按波长的分布只与黑体的温度有关。

（2）对黑体辐射的解释：维恩公式在短波区与实验非常接近，在长波区则与实验偏离很大。瑞利公式在长波区与实验基本一致，但在短波区与实验严重不符，如图 1.23 - 1 所示：

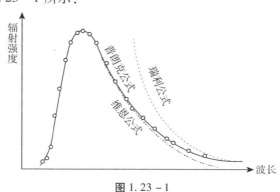

图 1.23 - 1

1.23.2 普朗克的能量子概念

1. 内容

（1）普朗克把黑体腔壁看作是由各种频率振动的带电谐振子组成的，黑体的辐射就是这些谐振子向外辐射的各种电磁波。

157

（2）普朗克的能量子概念假设：谐振子具有的能量是不连续的，而只能取一些分立的值，即 $E_n = nh\upsilon$（$n = 1$，2，3，$\cdots$），也就是说，能量 E 只能取 $h\upsilon$ 的整数倍，最小的一份能量 $\varepsilon = h\upsilon$，称为能量子。

说明：式中 υ 是谐振动的频率，h 是普朗克常量，大小是 $h = 6.63 \times 10^{-34} \text{J} \cdot \text{s}$。

2. 理解

（1）能量子：振动着的带电微粒（即谐振子）的能量只能是某一最小能量值的整数倍，最小的一份能量为 $\varepsilon = h\upsilon$，称为能量子。

（2）能量子大小：不可再分的最小能量值 $\varepsilon = h\upsilon$，其中 υ 是谐振动的频率，h 是普朗克常量。

1.23.3 光电效应、光的量子说

1. 光电效应

（1）光电效应

当光照射在金属表面上时，金属中的电子会因吸收光的能量而逸出金属表面，这种现象称为光电效应。

说明：光电效应中的光包括不可见光和可见光。

（2）光电子

光电效应中发射出来的电子叫**光电子**，其本质还是电子。

（3）光电效应的规律

① 极限频率（也叫截止频率）的存在：入射光的频率必须大于 υ_0，才能产生光电效应，与入射光强度及照射时间无关。

说明：同样颜色的光，强度（即强弱）的不同反映了单位时间内照射到单位面积的光子数的多少不同。

② 光电子的最大初动能随着入射光频率的增加而增加，而与入射光强度无关。

③ 当产生光电效应时，光电流大小随入射光强度的增大而增大。

④ 光电效应的发生几乎是瞬时的，一般不超过 10^{-9}s。

注意：两个决定关系：

① 入射光频率决定着能否发生光电效应和光电子的最大初动能。

② 入射光强度决定着单位时间内发射的光子数。

2. 光子说

光子说（爱因斯坦 1905 年提出）：光是一份一份不连续传播的，每一份叫作一个光量子，简称光子，光子的能量跟它的频率成正比，即 $E = h\upsilon$（h 为普朗克常量）。

3. 光电效应方程

（1）光电子的最大初动能 E_k（即光电效应方程）

$$E_k = h\upsilon - W$$

说明：此式通常叫作爱因斯坦**光电效应方程**。

　　　　W 是金属的**逸出功**。

　　　　υ 是入射光子的频率。

（2）对光电效应方程的理解

① 逸出功 W

某种金属中的不同电子，脱离这种金属所需做的功不一样，使电子脱离某种金属所需做功的最小值，叫作这种金属的逸出功。

逸出功 W 在数值上等于 $h\upsilon_0$，即

$$W = h\upsilon_0$$

说明：υ_0 为金属的极限频率。

② 爱因斯坦光电效应方程的意义

金属内的电子吸收了一个光子的能量 $h\upsilon$ 后，一部分消耗于电子由金属内逸出表面时克服阻力所需做的功，另一部分转化为光电子动能。由于电子由金属内逸出表面时所需做功的最小值是 W，因此光电子的最大初动能是 $E_k = h\upsilon - W$。

（3）光电效应方程说明了产生光电效应的条件

若有光电子逸出，则光电子的最大初动能必须大于零，即 $E_k = h\upsilon - W > 0$，亦即 $h\upsilon > W$，$\upsilon > \dfrac{W}{h} = \upsilon_0$，而 $\upsilon_0 = \dfrac{W}{h}$ 恰好是光电效应的截止频率（即 $h\upsilon_0 = W$）。

反向遏止电压（截止电压）U_0：

使光电流刚好为零的反向电压叫反向遏止电压（或截止电压）U_0，满足关系：

$$eU_0 = E_k = h\upsilon - W$$

（4）光电子 $E_k - \upsilon$ 曲线

图 1.23-2

① 图像意义：表示光电子最大初动能 E_k 随入射光频率 υ 的变化曲线。

② 图像关系式：$E_k = h\upsilon - W$。

③ 图像特点：倾斜直线。

④ 图像表示的物理量：

截止频率 v_0：横轴上的截距表示金属的截止频率 v_0（或极限频率）。

普朗克常量：斜率为普朗克常量，即 $k = h$。

逸出功 W：纵轴上的截距表示金属逸出功的负值。

1.23.4　光的波粒二象性、概率波

1. 康普顿效应

（1）X 射线经物质散射后波长变长的现象称为康普顿效应。

（2）1923 年，美国物理学家康普顿在研究 X 射线与物质散射实验时，证明了 X 射线的粒子性。在这个实验里起作用的不仅是光子的能量，而且还有光子的动量。

（3）康普顿散射实验对光的量子说（即粒子性）作了进一步的肯定。

2. 光的波粒二象性

（1）光的波粒二象性：光子既有粒子的特征，又有波的特征，即光具有波粒二象性，是波动性与粒子性的统一。

（2）光的干涉和衍射现象说明光具有波动性，光电效应和康普顿效应说明光具有粒子性。

（3）光的波动性是指光的运动形态具有各种波的共同特征，可以用波长、频率、相位、振幅等概念来描绘，其干涉、衍射和色散等现象都是波动性的表现。

（4）光的粒子性是指光与其他物质相互作用时所交换的能量和动量具有不连续性，即光在与其他物质相互作用时，能量和动量是以一份一份的形式（光子的形式）进行交换的，而且每一份能量和动量满足如下确定的关系：

$$光子的能量：\varepsilon = hv。$$

$$光子的动量：p = \frac{h}{\lambda}。$$

说明：λ 为光的波长，v 为光子的频率，以上两式把光体现粒子性的物理量（ε、p）与显示波动性的物理量（v、λ）紧密地联系了起来。

3. 对光的波粒二象性的理解

（1）大量光子产生的效果显示出波动性，个别光子产生的效果显示出粒子性。

（2）频率低、波长长的光，波动性特征显著，而频率高、波长短的光，粒子性特征显著。

（3）光子的能量与其对应的频率成正比，而频率是描述波动性特征的物理量，因此 $\varepsilon = hv$ 揭示了光的粒子性和波动性之间的密切联系。

（4）光在传播时体现出波动性，在与其他物质相互作用时体现出粒子性。光的粒子性和波动性组成一个有机的统一体。

4. 光是一种概率波

光子和电子、质子等实物粒子一样，具有能量和动量。和其他物质相互作用时，粒子性起主导作用。在光的传播过程中，光子在空间各点出现的可能性的大小（概率）由波动性（即波动规律）起主导作用，因此称光波为**概率波**。

1.23.5　德布罗意物质波假说

1. 德布罗意波

任何运动着的物体，小到电子、质子，大到行星、太阳，都有一种波与它相对应，这种波叫**物质波**，又叫**德布罗意波**。

$$物质波的波长 \lambda = \frac{h}{p}$$

$$物质波的频率 \upsilon = \frac{\varepsilon}{h}$$

说明：

① ε 为实物粒子的能量。

② 我们之所以看不到宏观物体的波动性，是因为宏观物体的动量太大，德布罗意波长太小的缘故。

2. 德布罗意假说

内容：实物粒子像光子一样，也具有波粒二象性。

说明：德布罗意假说是光的波粒二象性的推广，即光子和实物粒子都既具有粒子性又具有波动性，即具有波粒二象性。与光子对应的波是电磁波，与实物粒子对应的波是物质波。

3. 物质波的实验验证

（1）1927 年，**戴维孙和汤姆孙**分别利用晶体做了**电子束衍射**的实验，从而证实了电子的波动性。

（2）人们陆续证实了质子、中子以及原子、分子的波动性，对于这些粒子，德布罗意给出的 $\upsilon = \frac{\varepsilon}{h}$ 和 $\lambda = \frac{h}{p}$ 关系同样正确。

4. 概率波

物质波与光波一样都属于概率波。

概率波的实质：是指粒子在空间分布的概率是受波动规律支配的。光子在空间各点出现的可能性的大小（概率）可以用波动规律来描述，我们说光是一种波就是这个意思，所以物理学中把光波叫概率波。

1.23.6 不确定关系

（1）不确定关系：微观粒子运动的位置不确定量 Δx 和动量的不确定量 Δp_x 的关系式为

$$\Delta x \cdot \Delta p_x \geqslant \frac{h}{4\pi}$$

说明：式中 h 是普朗克常量，这个关系式叫不确定关系。

（2）不确定关系告诉我们，如果要更准确地知道粒子的位置（即 Δx 更小），那么动量的测量一定会更不准确（即 Δp_x 更大），也就是说，不可能同时准确地知道粒子的位置和动量，也不可能用"轨迹"来描述粒子的运动。

1.24 热 学

1.24.1 分子动理论

1. 物质是由大量分子组成的

（1）物理学中的"分子"

① 物理学中的"分子"包括分子、原子、离子，因为它们遵循同样的热运动规律。

② 分子的大小：分子直径数量级为 10^{-10} m，分子质量的数量级为 10^{-26} kg 左右。

③ 分子的球形模型：即把分子看作一个小球，其体积为 $\frac{4}{3}\pi r^3$（r 为分子半径）。

④ 油膜法测分子直径：把油酸分子看作球形模型，忽略分子间隙，将油膜视作单分子油膜，其厚度为分子直径 d，大小为 $d = \frac{V}{S}$（V 为油酸体积，S 为油膜面积）。

（2）阿伏加德罗常数

① 阿伏加德罗常数的意义：1mol 任何物质所含的微粒数都相同，这个微粒数叫阿伏加德罗常数，其数值为 $N_A = 6.02 \times 10^{23}$ mol^{-1}。

② 阿伏加德罗常数的应用：m（物质的质量）、M（摩尔质量）、m_0（分子质量）、V（物质体积）、V_M（摩尔体积）、v_0（分子体积或气体分子所占的平均空间体积）、d（分子直径或分子间平均距离）、N_A（阿伏加德罗常数）、n（物质的量）、N（分子个数）、ρ（密度）。

分子质量：$m_0 = \dfrac{M}{N_A} = \dfrac{m}{N}$

分子数目：$N = nN_A = \dfrac{m}{M} N_A = \dfrac{V}{V_M} N_A$

分子体积（适用于固体和液体）：$v_0 = \dfrac{V_M}{N_A} = \dfrac{V}{N}$

分子直径（适用于固体和液体，将分子视为小球）：$d = \sqrt[3]{\dfrac{6v_0}{\pi}}$ ［由 $v_0 = \dfrac{4}{3}\pi$

$\left(\dfrac{d}{2}\right)^3$ 求得]

分子间的平均距离（适用于固体、气体、液体，将每个分子所占体积看作一个小正方体）：

$$v_0 = \dfrac{V}{N} = d^3, \quad d = \sqrt[3]{v_0}$$

2. 分子的热运动

（1）热运动：分子的无规则运动叫热运动。

说明：组成物质的分子在永不停息地做无规则的热运动。

（2）热运动的特点：①无规则性；②温度越高，分子的热运动越剧烈。

（3）扩散现象与布朗运动

表 1.24 - 1

	扩散现象	布朗运动
现象	不同物质互相接触时彼此进入对方的现象（是分子的运动）	悬浮在液体或气体中固体小微粒不停地无规则运动（不是分子的运动）
产生原因	分子永不停息地做无规则运动	液体（或气体）分子永不停息地做无规则运动，对悬浮微粒不停地撞击作用的不平衡性引起的，是液体（或气体）分子无规则运动的反映
影响因素	温度越高，扩散越快	温度越高，布朗运动越明显。颗粒越小，布朗运动越明显
意义	① 反映了组成物体的分子在不停地做无规则运动 ② 说明分子间有间隙	

3. 分子间的相互作用力

（1）分子间同时存在着相互作用的引力与斥力，分子力表现为引力与斥力的合力。

（2）引力和斥力都随分子间距离增大而减小，随分子间距离减小而增大，但斥力比引力变化得更快（分子力与分子间距离的关系如图 1.24 - 1 所示）。

图 1.24 - 1

① 当分子间距离 $r = r_0$ 时，引力等于斥力，分子力为零，分子处于平衡位置，r_0 的数量级约为 10^{-10}m。

② 当 $r < r_0$ 时，斥力大于引力，分子力表现为斥力，当 $r > r_0$ 时，引力大于斥力，分子力表现为引力。

③ 当 $r > 10 r_0$ 时，分子力十分微弱，可以忽略不计。

1.24.2　物体的内能、热量

1. 分子动能

（1）分子的平均动能：物体内所有分子动能的平均值。

（2）温度是物体分子平均动能的标志，温度越高，平均动能越大。

注意：对任何物质，温度相同时，它们的分子平均动能一定相同。

（3）分子总动能等于分子数乘以分子平均动能。

（4）影响分子总动能的因素：宏观上，分子总动能与物质的多少和温度有关。物质的量越大，温度越高，分子的总动能越大。微观上，分子总动能由分子个数与分子的平均动能决定。分子个数越多，分子的平均动能越大，分子的总动能就越大。

2. 分子势能

（1）分子势能：由分子间的相互作用和相对位置决定的势能叫分子势能。

（2）分子力做功与分子势能：分子力做正功，分子势能减少。分子力做负功，分子势能增加，分子力做了多少功，分子势能就变化多少，与其他力做功无关。

（3）分子势能与分子间距离的关系如图 1.24 - 2 所示：

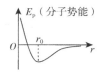

图 1.24 - 2

① 当 $r > r_0$ 时，分子力表现为引力。r 增大时，分子力做负功，分子势能增加。r 减小时，分子力做正功，分子势能减少。

② 当 $r < r_0$ 时，分子力表现为斥力。r 增大时，分子力做正功，分子势能减少。r 减小时，分子力做负功，分子势能增加。

③ 当 $r = r_0$ 时，分子势能最小。

④ 当 $r = 10 r_0$ 时，分子力十分微弱，可忽略不计，此时分子势能为零。

（3）影响分子势能的因素：微观上，分子势能与分子间距离有关。宏观上，分子势能与物体体积有关。

（4）分子力与分子势能图像的区别如图 1.24 – 3 所示：

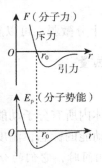

图 1.24 – 3

① 在 $F - r$ 图像中分子力的正负只表示分子力为引力和斥力，而不表示大小。

在 $E_p - r$ 图像中的 E_p 的正负表示分子势能的大小，在 E_p 负半轴时，离 r 轴越远，E_p 越小。

② 当分子间距离 $r < r_0$ 时，随着分子间距离增大，分子力减小，当分子间距离增加到 $r = r_0$ 时，分子力减小到零。当分子间距离 $r > r_0$ 时，随着分子间距离的增大，分子力先增大再减小，当分子间距离增加到 $r = 10r_0$ 时，分子力减小到十分微弱，可忽略不计。

③ 随着分子间距离的增大，分子势能是先减小再增大，在平衡距离 r_0 处分子势能 E_p 最小（但不为零）。而在平衡距离处的分子力 F 为零。

3. 物体的内能

（1）内能：物体中所有分子的动能与分子势能的总和叫物体的内能。

注意：任何物体都有内能。

（2）影响物体内能的因素：

① 微观上：分子数多少、分子平均动能和分子距离。分子个数越多，分子平均动能越大，物体的内能越大。分子间距离改变时，物体内能可能增大也可能减小。

② 宏观上：物质的多少、温度和体积。物质的量越大，温度越高，物体的内能越大。物体的体积改变时，物体内能可能增大也可能减小。

（3）改变物体内能的两种方式：做功和热传递。

注意：

① 两种方式是等效的，但实质是不同的，做功是能量的转化，热传递是能量的转移。

② 功 W 和热量 Q 都是过程量，可以用来衡量能量转化或转移的多少。

1.24.3 热力学第一定律

1. 表达式

$$\Delta U = W + Q$$

2. 意义

上式不仅表明了做功和热传递是改变物体内能两种方式，而且还给出了做功和热传递及物体内能改变之间的关系，即物体的内能变化等于外界对物体所做的功及物体所吸收的热量之和。

3. 说明

ΔU 为正，表示物体内能增加，ΔU 为负，表示物体内能减少。

W 为正，表示外界对物体做功，W 为负，表示物体对外界做功。

Q 为正，表示物体从外界吸热，Q 为负，表示物体向外界放热。

注意：计算时 ΔU、W 和 Q 都需要考虑取正负号。

1.24.4 能量守恒定律

1. 能量守恒定律内容

能量既不会凭空产生，也不会凭空消失，它只能从一种形式转化为另一种形式，或者从一个物体转移到另一个物体，在转化或转移的过程中，其总量保持不变。

2. 第一类永动机

第一类永动机指的是能够不消耗能量但又能源源不断对外做功的机械，因为违背了能量守恒定律（或热力学第一定律），所以不可能成功。

1.24.5 热力学第二定律

1. 热力学第二定律的表述（内容）

表述一：不可能使热量由低温物体传递到高温物体，而不引起其他变化（按热传导的方向性来描述）。

表述二：不可能从单一热源吸收热量并把它全部用来做功，而不引起其他变化（按机械能与内能转化过程的方向性来描述）。

2. 热力学第二定律的意义

自然界凡是涉及热现象的宏观过程都具有方向性。

3. 第二类永动机

第二类永动机是指想制造一种热机能够从单一热源吸收热量并全部用来做功而不引起其他变化的机械，它不违背能量守恒定律（或热力学第一定律），但它违反了热力学第二定律，所以不可能制成。

1.24.6 热力学第三定律

1. 热力学温度

（1）定义：以自然界温度的下限即 – 273.15℃作为起点的温度叫热力学温度，用 T 表示。

（2）单位：开尔文，简称开，符号是 K。

（3）热力学温度 T 与摄氏温度 t 的关系：$T = t + 273.15$K。

2. 热力学第三定律

热力学零度（摄氏温度 – 273.15℃）不可能达到。

1.24.7 固体、液体和气体

1. 气体分子运动的特点

（1）气体分子间距离较大，分子间作用力与分子所受重力都可忽略不计。

（2）气体分子频繁与其他分子和容器壁相碰，不发生碰撞时可认为分子做匀速直线运动。

（3）分子速率很大，可达几百米每秒，大量分子向各个方向运动的机会均等，分子速率大小的分布遵循"中间多，两头少"的规律。

2. 气体的压强

（1）气体压强的定义：气体作用在容器单位面积上的压力，即 $p = \dfrac{F}{S}$。

（2）气体压强产生的实质（微观解释）：气体压强是由大量气体分子对容器壁频繁碰撞产生的，从宏观上看，气体分子对容器壁的作用力是连续且均匀的。气体压强是气体分子单位时间内作用在单位面积上的持续作用力。

（3）气体压强的决定因素（在气体质量一定的情况下）

① 从微观上看，由分子的平均动能和分子的密集程度决定。分子的平均动能越大，密集程度越高，气体的压强就越大。

② 从宏观上看，由气体的温度和体积决定。气体的温度越高，体积越小，其压强就越大。

（4）理想气体的压强、体积、温度三者间的关系（在气体质量一定的情况下）

① 温度不变时：体积增大，压强减小。体积减小，压强增大。

② 体积不变时：温度升高，压强增大。温度降低，压强减小。

③ 压强不变时：温度升高，体积增大。温度降低，体积减小。

上述关系可用公式表示为 $pV = nRT$。

说明：式中 p 表示压强，V 表示体积，T 表示温度（热力学温度），n 为物质的量，R 为常数。

1.25 高中物理常识（物理简史）

1. 1638 年，意大利物理学家伽利略在《两种新科学的对话》中用科学推理论证重物体和轻物体下落一样快，并在比萨斜塔做了两个不同质量的小球下落的实验，证明了他的观点是正确的，推翻了古希腊学者亚里士多德的观点（即质量大的小球下落快是错误的）。

2. 1654 年，德国的马德堡市做了一个轰动一时的实验——马德堡半球实验。

3. 1687 年，英国科学家牛顿在《自然哲学的数学原理》著作中提出了三条运动定律（即牛顿三大运动定律）。

4. 17 世纪，伽利略通过理想斜面实验指出，在水平面上运动的物体若没有摩擦，将保持这个速度一直运动下去，并得出结论：力是改变物体运动状态的原因，推翻了亚里士多德"力是维持物体运动的原因"的观点。

同时代的法国物理学家笛卡儿进一步指出：如果没有其他原因，运动物体将继续以同一速度沿着一条直线运动，既不会停下来，也不会偏离原来的方向。

5. 英国物理学家胡克发现了胡克定律。

6. 1638 年，伽利略在《两种新科学的对话》一书中，运用观察－假设－数学推理的方法，详细研究了抛体运动。

7. 人们根据日常的观察和经验，提出了"地心说"，古希腊科学家托勒密是代表人物。而波兰天文学家哥白尼提出了"日心说"，大胆反驳了地心说。

8. 17 世纪，德国天文学家开普勒提出开普勒三大定律。

德国天文学家开普勒在最初研究他的导师——丹麦天文学家第谷连续 20 年对行星位置进行观测所记录的数据时，是以行星绕太阳做匀速圆周运动的模型来思考问题的，但是所得结果与第谷的观测数据至少有 8′的差异。开普勒想，这不容忽视的 8′也许是因为人们认为行星绕太阳做匀速圆周运动所造成的。至此，人们长期以来视为真理的观念——天体做匀速圆周运动，第一次受到了怀疑。后来，开普勒又仔细研究了第谷的观测资料，经过四年多的刻苦计算，先后否定了 19 种设想，最后终于发现了开普勒三大定律。

说明：开普勒确切地描述了行星的运动规律，但没指明行星"为什么这样运动"，而对这个问题的认识有以下一些观点：

① 伽利略认为：一切物体都有合并的趋势，这种趋势导致物体做圆周运动（错误）。

② 开普勒认为：行星绕太阳运动，一定是受到了来自太阳的类似于磁力的作用（不完善）。

③ 笛卡尔（法国）认为：行星的运动是因为在行星的周围有旋转的物质（以太）作用在行星上，使得行星绕太阳运动（错误）。

④ 胡克和哈雷等认为：行星绕太阳运动是因为受到了太阳对它的引力，甚至证明了如果行星的轨道是圆形的，它所受的引力大小跟行星到太阳的距离的二次方成反比，但无法证明在椭圆轨道下，引力也遵循同样的规律（不完善）。

⑤ 牛顿万有引力定律真正地解释了行星"为什么这样运动"。

9. 牛顿于 1687 年正式发表了万有引力定律。1798 年，英国物理学家卡文迪许利用扭秤实验装置比较准确地测出了引力常量。

10. 1843 年到 1845 年间，英国剑桥大学学生亚当斯和法国天文学家勒维耶几乎同时应用万有引力定律预言了海王星的存在，伽勒于 1846 年 9 月 23 日夜间在预定的区域观察到了海王星。

11. 1930 年，美国天文学家汤姆博夫根据海王星自身运动不规则性的记载发现了冥王星。

12. 1957 年 10 月，苏联发射第一颗人造地球卫星。1961 年 4 月，世界上第一艘载人宇宙飞船"东方 1 号"载着尤里加加林第一次踏入太空。

13. 20 世纪初建立的量子力学和爱因斯坦提出的狭义相对论表明经典力学不适用于微观粒子和高速运动物体。

14. 17 世纪，德国天文学家开普勒提出开普勒三大定律。牛顿于 1687 年正式发表万有引力定律。1798 年，英国物理学家卡文迪许利用扭秤装置比较准确地测出了引力常量（体现了放大和转换的思想）。1846 年，科学家伽勒应用万有引力定律，计算并观测到海王星。

15. 惠更斯（荷兰）研究了单摆的振动，发现单摆做简谐运动的周期 T 跟摆长 L 的二次方根成正比，跟重力加速度 g 的二次方根成反比，跟振幅、摆球质量无关，即 $T = 2\pi\sqrt{\dfrac{L}{g}}$。

16. 1785 年，法国物理学家库仑利用扭秤实验发现了电荷之间的相互作用规律——库仑定律，并测出了静电力常量 k 的值。

17. 1752 年，富兰克林在费城通过风筝实验验证了闪电是放电的一种形式，从而把天电与地电统一起来，并发明了避雷针。

18. 1837 年，英国物理学家法拉第最早引入了电场概念，并提出用电场线表示电场。

19. 1913 年，美国物理学家密立根通过油滴实验精确测定了元电荷 e 的电荷量，并获得诺贝尔奖。

20. 1826 年，德国物理学家欧姆（1787－1854）通过实验得出欧姆定律。

21. 1911 年，荷兰科学家昂尼斯（或昂纳斯）发现大多数金属在温度降到某一值时，都会出现电阻突然降为零的现象，即超导现象。

22. 19 世纪，焦耳和楞次先后各自独立发现了电流通过导体时产生热效应的规律，称为焦耳—楞次定律。

23. 1820 年，丹麦物理学家奥斯特发现电流可以使周围的小磁针发生偏转，称为电流磁效应。

24. 法国物理学家安培发现两根通有同向电流的平行导线相吸，通有反向电流的平行导线则相斥，同时提出了安培分子电流假说，并总结出安培定则（右手螺旋定则）判断电流与磁场的相互关系和左手定则判断通电导线在磁场中受到磁场力的方向。

25. 荷兰物理学家洛伦兹提出运动电荷产生了磁场和磁场对运动电荷有作用力（洛伦兹力）的观点。

26. 英国物理学家汤姆孙发现电子，并指出阴极射线是高速运动的电子流。

27. 1932 年，美国物理学家劳伦斯发明了回旋加速器，从而能在实验室中产生大量的高能粒子。

28. 1831 年，英国物理学家法拉第发现了由磁场产生电流的条件和规律——电磁感应现象。

29. 1834 年，俄国物理学家楞次发表确定感应电流方向的定律——楞次定律。

30. 1835 年，美国科学家亨利发现自感现象。

31. 17 世纪，荷兰物理学家惠更斯确定了单摆周期公式。

32. 1690 年，荷兰物理学家惠更斯提出了机械波的波动现象规律——惠更斯原理。

33. 奥地利物理学家多普勒（1803－1853）首先发现了多普勒效应。

34. 1864 年，英国物理学家麦克斯韦发表了《电磁场的动力学理论》的论文，提出了电磁场理论，预言了电磁波的存在，并指出光是一种电磁波，为光的电磁理论奠定了基础。同时还指出电磁波是一种横波，但没有用实验证实。

35. 1887 年，德国物理学家赫兹用实验证实了电磁波的存在，并测定了电磁波的传播速度等于光速。

36. 1894 年，意大利马可尼和俄国波波夫分别发明了无线电报，揭开了无线电通信的新篇章。

37. 1800 年，英国物理学家赫歇耳发现了红外线。1801 年，德国物理学家里特发现了紫外线。1895 年，德国物理学家伦琴发现了 X 射线（伦琴射线），并为他夫人的手拍下了世界上第一张 X 射线的人体照片。

38. 1621 年，荷兰数学家斯涅耳找到了入射角与折射角之间的规律——折射定律。

39. 1801 年，英国物理学家托马斯·杨成功地观察到了光的干涉现象（杨氏双缝干涉）。

40. 1818 年，法国科学家泊松实验观察到了光的圆板衍射，即泊松亮斑。

41. 1905 年，爱因斯坦提出了狭义相对论，提出了光子说及光电效应方程。

42. 公元前 468 ~ 公元前 376 年，我国的墨翟及其弟子在《墨经》中记载了光的直线传播、影的形成、光的反射、平面镜和球面镜成像等现象，为世界上最早的光学著作。

43. 1849 年，法国物理学家斐索首先在地面上测出了光速，以后又有许多科学家采用了更精密的方法测定光速，如美国物理学家迈克尔逊的旋转棱镜法。

44. 关于光的本质：17 世纪明确地形成了两种学说：一种是牛顿主张的微粒说，认为光是光源发出的一种物质微粒。另一种是荷兰物理学家惠更斯提出的波动说，认为光是在空间传播的某种波。这两种学说都不能解释当时观察到的全部光现象。

45. 物理学晴朗天空上的两朵乌云：①迈克逊 - 莫雷实验——相对论（高速运动世界）。②热辐射实验——量子论（微观世界）。

46. 19 世纪和 20 世纪之交，物理学的三大发现：X 射线的发现，电子的发现，放射性的发现。

47. 激光——被誉为 20 世纪的"世纪之光"。

48. 汤姆生的学生阿斯顿设计的质谱仪可用来测量带电粒子的比荷（或质量）和分析同位素。

★ 伽利略对物理学的贡献

① 发现摆的等时性。

② 物体下落过程中的运动情况与物体的质量无关。

③ 伽利略的理想斜面实验：将实验与逻辑推理结合在一起探究科学真理的方法为物理学的研究开创了新的一页。实验中发现了物体具有惯性，同时也说明了力是改变物体运动状态的原因，而不是使物体运动的原因。

★ **胡克（英国物理学家）**

对物理学的贡献：胡克定律。

★ **牛顿（英国物理学家）对物理学的贡献**

① 牛顿在伽利略、笛卡儿、开普勒、惠更斯等人研究的基础上，采用归纳与演绎、综合与分析的方法，总结出一套普遍适用的力学运动规律——牛顿运动定律和万有引力定律，建立了完整的经典力学（也称牛顿力学或古典力学）体系，物理学从此成为一门成熟的自然科学。

② 经典力学的建立标志着近代自然科学的诞生。

★ **卡文迪许的贡献**

用扭秤实验测量了万有引力常量。

★ **亚里士多德（古希腊）**

观点：

① 重的物体下落得比轻的物体快。

② 力是维持物体运动的原因。

★ **开普勒（德国天文学家）**

对物理学的贡献：开普勒三大定律。

★ **托勒密（古希腊科学家）**

观点：发展和完善了地心说。

★ **哥白尼（波兰天文学家）**

观点：日心说。

★ **第谷（丹麦天文学家）**

贡献：测量天体的运动。

★ **威廉·赫歇耳（英国天文学家）**

贡献：用望远镜发现了太阳系的第七颗行星——天王星。

★ **汤姆博夫（美国天文学家）**

贡献：用"计算、预测、观察和照相"的方法发现了太阳系第九颗行星——冥王星。

★ **泰勒斯（古希腊）**

贡献：发现毛皮摩擦过的琥珀能吸引羽毛、头发等轻小物体。

★ **库仑（法国物理学家）**

贡献：发现了库仑定律——标志着电学的研究从定性走向定量。

★ **富兰克林（美国物理学家）**

贡献：

① 对当时的电学知识（如电的产生、转移、感应、存储等）做了比较系统的整理。

② 统一了天电和地电。

★ 密立根

贡献：密立根油滴实验——测定了元电荷。

★ 昂纳斯（荷兰物理学家）

贡献：发现了超导现象。

★ 欧姆

贡献：欧姆定律（部分电路、闭合电路）。

★ 奥斯特（丹麦物理学家）

贡献：电流的磁效应（电流能够产生磁场）。

★ 法拉第

贡献：

① 用电场线的方法表示电场。

② 发现了电磁感应现象。

③ 发现了法拉第电磁感应定律。

★ 安培（法国物理学家）

贡献：

① 磁场对电流可以产生作用力（安培力），并且总结出了这一作用力遵循的规律。

② 安培分子电流假说。

★ 狄拉克（英国物理学家）

贡献：预言磁单极子必定存在（至今都没有发现）。

★ 洛伦兹（荷兰物理学家）

贡献：1895 年，发表了磁场对运动电荷的作用力公式（洛伦兹力）。

★ 阿斯顿

贡献：

① 发明了质谱仪。

② 发现了非放射性元素的同位素。

★ 劳伦斯（美国）

贡献：发明了回旋加速器。

★ 楞次

贡献：发现了楞次定律（判断感应电流的方向）。

★ 汤姆孙（英国物理学家）

贡献：

① 发现了电子，从而揭示了原子具有复杂的结构。

② 建立了原子的模型——枣糕模型。

★ 爱因斯坦

贡献：

① 提出了光子说和光电效应方程，并用光子说解释了光电效应。

② 相对论。

★ 麦克斯韦

贡献：

① 建立了完整的电磁理论。

② 预言了电磁波的存在，并且认为光是一种电磁波。赫兹通过实验证实了电磁波的存在。

第 2 篇

高中物理重要习题结论

2.1 力的合成特殊规律

1. 如图 2.1 − 1 所示，当互成角度的两个共点力 F_1、F_2 之间的夹角 $\theta = 120°$，且 $F_1 = F_2$ 时，其合力 $F = F_1 = F_2$，方向与 F_1、F_2 均成 60°角。

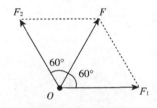

图 2.1 − 1

2. 多个共点力的合力的最大值和最小值

（1）最大值：当几个共点力的方向相同时，其合力最大，最大值为这几个力的大小之和，方向与这几个力的方向相同。

（2）最小值：如果这几个力中较大的那个力比其他几个较小力的合力的最大值还大，则这几个力的合力的最小值为较大的那个力减去较小的那几个力，方向与较大的那个力的方向相同。若较大的那个力比其他几个较小力的合力的最大值小，则这几个力的合力的最小值为零。

2.2 物体在斜面自由滑动时的加速度

1. 物体在光滑斜面自由滑动时，其加速度为

$$a = g\sin\theta$$

2. 物体在粗糙斜面上自由下滑时，其加速度为

$$a = g\sin\theta - \mu g\cos\theta$$

物体在粗糙斜面上自由上滑时，其加速度为

$$a = g\sin\theta + \mu g\cos\theta$$

3. 物体在粗糙斜面上自由匀速滑行时，物体与斜面间的动摩擦因数为

$$\mu = \tan\theta$$

当 $\mu = \tan\theta$ 时，物体沿斜面自由匀速下滑。

当 $\mu < \tan\theta$ 时，物体沿斜面自由加速下滑。

当 $\mu > \tan\theta$ 时，物体由静止放在斜面上将不会下滑，若有向下的初速度，则减速下滑。

2.3　刚好相对滑动模型的临界条件

两物体刚好相对滑动，即刚好相对不滑动，具有两个重要的临界条件：

（1）刚好相对滑动两物体间的摩擦力达到最大静摩擦力——由此确定其受力情况。

（2）两物体刚好相对滑动时具有相同的速度与加速度——由此确定其运动状态。

【例】如图 2.3 - 1 所示，A、B 两物块的质量分别为 $2m$ 和 m，静止叠放在水平地面上。A、B 间的动摩擦因数为 μ，B 与地面间的动摩擦因数为 $\frac{1}{2}\mu$。最大静摩擦力等于滑动摩擦力，重力加速度为 g。现对 A 施加一水平拉力 F，则（　　）

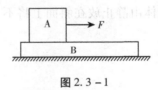

图 2.3 - 1

A. 当 $F < 2\mu mg$ 时，A、B 都相对地面静止

B. 当 $F = \frac{5}{2}\mu mg$ 时，A 的加速度为 $\frac{1}{3}\mu g$

C. 当 $F > 3\mu mg$ 时，A 相对 B 滑动

D. 无论 F 为何值，B 的加速度不会超过 $\frac{1}{2}\mu g$

答案：BCD

2.4　刚好相对分离的临界条件

两物体刚好分离，即刚好不分离，具有两个重要的临界条件：

（1）刚好分离两物体间只接触不挤压——由此确定其受力情况。

（2）两物体刚好分离时具有相同的速度与加速度——由此确定其运动状态。

【例】如图 2.4 - 1 所示，质量均为 m 的 A、B 两物体叠放在竖直弹簧上并保持静止，用大小等于 mg 的恒力 F 向上拉 B，运动距离 h 时，B 与 A 分离。下列说法正确的是（　　　）

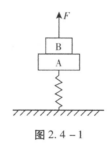

图 2.4 - 1

A. B 和 A 刚分离时，弹簧长度等于原长

B. B 和 A 刚分离时，它们的加速度为 g

C. 弹簧的劲度系数等于 $\dfrac{mg}{h}$

D. 在 B 与 A 分离之前，它们做匀加速直线运动

答案：C

2.5 平抛运动的特殊规律

1. 如图 2.5 - 1 所示，做平抛（或类平抛）运动的物体在任一时刻或任一位置处，设其瞬时速度方向与初速度 v_0 方向的夹角为 θ，位移与初速度 v_0 方向的夹角为 α，则有

$$\tan\theta = 2\tan\alpha$$

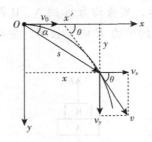

图 2.5 - 1

2. 如图 2.5 - 1 所示，做平抛（或类平抛）运动的物体任意时刻瞬时速度反向延长线一定通过这段时间内沿初速度方向位移 x 的中点，即 $x' = \dfrac{x}{2}$。

【练习1】 如图 2.5 - 2 所示，从倾角为 θ 的足够长的斜面上的 A 点，先后将同一小球以不同的初速度水平向右抛出，第一次的初速度为 v_1，球落到斜面上前一瞬间的速度方向与斜面间的夹角为 α_1，第二次初速度为 v_2，球落到斜面上前一瞬间的速度方向与斜面间的夹角为 α_2，若 $v_1 > v_2$，则（　　）

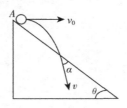

图 2.5 - 2

A. $\alpha_1 > \alpha_2$

B. $\alpha_1 = \alpha_2$

C. $\alpha_1 < \alpha_2$

D. 无法确定

答案：B

（3）做平抛运动的物体连续相等时间间隔 T 内的运动规律（如图 2.5 – 3 所示）。

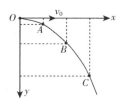

图 2.5 – 3

① 水平分位移：相等时间间隔 T 内水平分位移相同，即

$$x_{OA} = x_{AB} = x_{BC} = v_0 T$$

② 竖直分位移：

连续相等时间间隔 T 内竖直分位移之比为奇数之比，即

$$y_{OA} : y_{AB} : y_{BC} = 1 : 3 : 5$$

连续相等时间间隔 T 内竖直分位移之差为恒量（gT^2），即

$$y_{BC} - y_{AB} = y_{AB} - y_{OA} = gT^2$$

竖直方向（自由落体运动——匀加速运动）中点时刻的瞬时速度等于这段时间内竖直方向的平均速度，即

$$v_{Ay} = \overline{v_{OBy}} = \frac{y_{OB}}{2T} , v_{By} = \overline{v_{ACy}} = \frac{y_{AC}}{2T}$$

【练习2】在研究平抛运动的实验中，用一张印有小方格的纸记录轨迹，边长 $L = 1.25\text{cm}$，若小球在平抛运动途中的几个位置如图 2.5 – 4 中 a、b、c、d 所示，则小球平抛的初速度的计算式为 $v_0 = $ _____（用 L、g 表示），其值是_____ m/s，小球经过 b 点时的速度为_____ m/s。

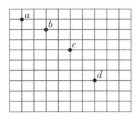

图 2.5 – 4

答案：$2\sqrt{gL}$，0.70，0.875

2.6 小船过河问题

1. 当船速和船头指向确定时，船过河所需时间与水速无关。

2. 过河时间最短的情况

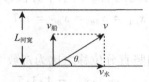

图 2.6 - 1

如图 2.6 - 1 所示，船头指向（即船身）垂直于河岸，即 $v_船$ 垂直于河岸过河时所用时间最短，注意此时船的实际航行方向不垂直于河岸。

最短时间：$t_{min} = \dfrac{L_河宽}{v_船}$

3. 过河最短位移（即航程）

（1）船速大于水速时过河位移最短的情况

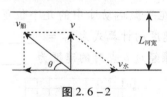

图 2.6 - 2

如图 2.6 - 2 所示，船实际航行（合位移或合速度）方向垂直于河岸时过河位移最短，注意此时船速方向（即船身）斜向上游，满足：

船头指向：$v_船 \cos\theta = v_水$

过河时间：$t = \dfrac{L_河宽}{v_船 \sin\theta}$

（2）船速小于水速时过河的最短航程

船速小于水速时，船不可能到达正对岸，所以最短航程不再是垂线段，船只能到河对岸的下游，最短航程如图 2.6 - 3 所示：

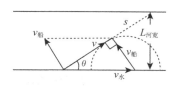

图 2.6 – 3

先过水速的起点斜向下游作出合速度 v 方向（设其与河岸成 θ 角），再过水速 $v_水$ 末端作合速度 v 的垂线，需满足：$\sin\theta = \dfrac{v_船}{v_水}$

最短位移：$s = \dfrac{L_{河宽}}{\sin\theta}$

【练习】关于轮船渡河，正确的说法是（　　　）

A. 水流的速度越大，渡河的时间越长

B. 欲使渡河时间最短，船头指向应垂直于河岸

C. 欲使轮船垂直驶达对岸，则船相对静水的速度与水流速度的合速度应垂直河岸

D. 轮船相对静水的速度越大，渡河的时间一定越短

答案：BC

2.7　关联速度的分解

1. 中学物理习题中的绳子一般都不计质量和形变，因此当绳子拉紧时，绳子上各点沿绳子方向的速度大小必是相等的。

2. 绳子（或杆）连接的两物体，与绳子在一条直线上运动的物体的运动速度与绳子移动速度相同，而把连在绳子上与绳子不在一条直线上运动的物体的实际运动速度（合速度）分解成沿绳子（或杆）和垂直于绳子（或杆）的两个分速度，沿绳子方向的分速度就是绳子的移动速度。

3. 根据两物体沿绳子方向的速度大小相等列出等式，即可求出绳子连接的两物体之间的速度关系。

【例】 如图 2.7 - 1 所示，当人通过定滑轮拉船靠岸时，人以速度 v 匀速前进，当绳与水平方向成 θ 角时，船的速度为多少？

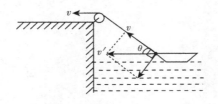

图 2.7 - 1

解析：船的实际运动速度 v' 的方向就是合速度的方向，这个速度 v' 产生两个运动效果：一是使绳连着小船的一端沿绳方向以速度 v 运动，二是使绳的这端绕滑轮做顺时针方向的圆周运动，那么合速度应沿着绳和垂直于绳的两个方向分解，沿绳方向的分速度 v 就是绳的移动速度，即 $v = v'\cos\theta$，所以船的运动速度 $v' = \dfrac{v}{\cos\theta}$。

2.8　竖直面内的圆周运动

1. 轻绳模型（最高点无支撑，忽略一切阻力）

长为 L 的细绳连接的小球［如图 2.8 - 1（a）所示］，"水流星"［如图 2.8 - 1（b）所示］以及小球在半径为 R 的圆形轨道［如图 2.8 - 1（c）所示］（单轨）内侧等在竖直平面内做圆周运动的临界条件：

恰通过最高点：在最高点绳子恰拉直但不拉紧，或水与桶底只接触但无挤压，小球与轨道只接触但无挤压，从而确定了小球只受重力。

做圆周运动：由其指向圆心的合力（重力）提供其做圆周运动所需的向心力。即 $mg = \dfrac{mv^2}{R}$（或 $\dfrac{mv^2}{L}$）$\Rightarrow v = \sqrt{gR}$（或 $\sqrt{gL}$）。

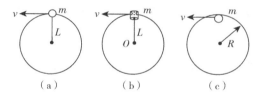

图 2.8 - 1

所以小球要通过最高点继续做圆周运动，在最高点的速度至少为 $\sqrt{gR}$（或 $\sqrt{gL}$）。小球从最低点到最高点的过程中只有重力做功（忽略一切阻力），满足机械能守恒，有 $mg \cdot 2R = \dfrac{1}{2}mv_0^2 - \dfrac{1}{2}mv^2$，联立以上得 $v_0 = \sqrt{5gR}$。

结论：对于轻绳模型（最高点无支撑，忽略一切阻力），小球要通过最高点继续做圆周运动，小球在最低点的速度至少为 $v_0 = \sqrt{5gR}$（或 $\sqrt{5gL}$），恰过最高点的速度为 $v = \sqrt{gR}$（或 $\sqrt{gL}$）。

2. 轻杆模型（最高点有支撑，忽略一切阻力）

长为 L 的轻质杆连接的小球［如图 2.8 - 2（a）所示］以及小球通过半径为 R 的圆形管道［如图 2.8 - 2（b）所示］在竖直平面内做圆周运动，要通过最高点继续做圆周运动，必须满足的条件：

只要小球达到最高点前速度不为零，小球就能通过最高点，即在最高点的速度必须满足 $v \geqslant 0$。

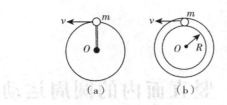

图 2.8 - 2

当小球恰能到达最高点（即在最高点的速度为零）时，小球在最低点的速度 v_0 应为 $v_0 = \sqrt{4gR}$ （或 $\sqrt{4gL}$ ）（忽略一切阻力）。

说明：

① 当小球在最高点的速度 $v = 0$ 时，杆（或内轨）对小球有向上的支持力，大小为 mg。

② 当小球在最高点的速度 $v \leqslant \sqrt{gL}$ （或 $\sqrt{gR}$ ）时，杆（或内轨）对小球有向上的支持力 N，满足 $mg - N = \dfrac{mv^2}{R}$，所以杆（或内轨）对小球的支持力 N 随速度的增大而减小。

③ 当小球在最高点的速度增加到 $v = \sqrt{gL}$ （或 $\sqrt{gR}$ ）时，杆（或轨道）对小球向上的作用力减为零，即此是杆（或轨道）与小球间无相互作用。

④ 当小球在最高点的速度 $v \geqslant \sqrt{gL}$ （或 $\sqrt{gR}$ ）时，杆（或外轨）对小球有向下的作用力 F，满足 $F + mg = \dfrac{mv^2}{R}$，所以杆（或外轨）对小球向下的作用力随速度的增大而增大。

【练习1】 质量为 m 的小球在竖直平面内的圆形轨道内侧运动，经过最高点而不脱离轨道的临界速度值是 v。当小球以 $2v$ 速度经过最高点时，对轨道的压力值是（　　）

A。0　　　B。mg　　　C。$3mg$　　　D。$5mg$

答案：C

【练习2】 如图 2.8 - 3 所示，轻杆一端固定在光滑水平轴 O 上，另一端固定一质量为 m 的小球，给小球一初速度，使其在竖直平面内做圆周运动，且刚好能通过最高点 P。下列说法正确的是（　　）

图 2.8 - 3

A. 小球在最高点时对杆的作用力为零

B. 小球在最高点时对杆的作用力大小为 mg

C. 若增大小球的初速度，则在最高点时球对杆的力一定增大

D. 若增大小球的初速度，则在最高点时球对杆的力可能增大

答案：BD

2.9 万有引力与天体运动习题结论

1. 重力加速度与离地面高度的关系

地球的半径为 R，离地面 h 高处的重力加速度 g_h 与地球表面附近重力加速度 g 的关系为

$$\frac{g_h}{g} = \frac{R^2}{(R + h)^2}$$

离地越高，重力加速度越小，但此高度应可以与地球半径 R 相比较时才考虑重力加速度的变化，否则就不需要考虑重力加速度的变化。

2. 中心天体质量的测定

若测出中心天体的行星或卫星的环绕周期 T，轨道半径 r，则可推出中心天体质量：

$$M = \frac{4\pi^2 r^3}{GT^2}$$

注意：

① 此式只适用于计算中心天体的质量，不能计算其环绕星球的质量。

② 此式只能在选择题中使用，若是计算题，需要写出推导过程。

3. 中心天体密度的测定

当行星或卫星在某中心天体表面环绕时，只需测出其环绕周期 T 就可测出中心天体的平均密度，即

$$\rho = \frac{3\pi}{GT^2}$$

【例1】公元 2100 年，航天员准备登陆木星，为了更准确地了解木星的一些信息，到木星之前做了一些科学实验，当到达与木星表面相对静止时，航天员对木星表面发射一束激光，经过时间 t，收到激光传回的信号，测得相邻两次看到日出的时间间隔是 T，测得航天员所在航天器的速度为 v，已知引力常量 G，激光的速度为 c，则 （　　）

A. 木星的质量 $M = \dfrac{v^3 T}{2\pi G}$

B. 木星的质量 $M = \dfrac{\pi^2 c^3 t^3}{2GT^2}$

C. 木星的质量 $M = \dfrac{4\pi^2 c^3 t^3}{GT^2}$

D. 根据题目所给条件，可以求出木星的密度

答案：A

【例2】中子星是恒星演化过程中的一种可能结果，它的密度很大。现有一中子星，观测到它的自转周期为 T，则该中子星的最小密度应是_____才能维持该星体的稳定不致因自转而瓦解。

解析：当中子星恰不瓦解时，考虑中子星赤道处一小块物体恰能在中子星表面随中子星一起绕中子星做圆周运动，若知道其运行周期 T，便可知道中心天体即中子星的密度为 $\rho = \dfrac{3\pi}{GT^2}$。

注意：若本题是计算题，则必须详细写出其计算过程，否则会扣分，若是选择题，则可根据习题结论快速得出答案。

4. 轨道变化

（1）运行速度

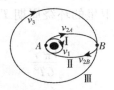

图 2.9 - 1

① 在不同的圆形轨道上运动时，需满足 $G\dfrac{Mm}{r^2} = \dfrac{mv^2}{r}$，即 $v = \sqrt{\dfrac{GM}{r}}$，因此轨道半径越大，运行速度越小，半径越小，运行速度就越大，所以 $v_1 > v_3$。

② 在同一椭圆轨道上运动时，由开普勒第二定律（面积定律）知道，近地点的速度大于远地点的速度，所以有 $v_{2A} > v_{2B}$。

③ 从低轨道变到高轨道需要在相切点加速，相反，从高轨道变到低轨道需要在相切点减速，所以 $v_{2A} > v_1 > v_3 > v_{2B}$。

（2）飞船对接问题

低轨道飞船与高轨道空间站对接，如图 2.9 - 2（a）所示，低轨道飞船通过合理的加速，沿椭圆轨道（做离心运动）追上高轨道空间站与其完成对接。同一轨道上的飞船与空间站对接，如图 2.9 - 2（b）所示，后面的飞船先减速降低高度，再加速提升高度，通过适当控制，使飞船追上空间站时恰好具有相同的速度。

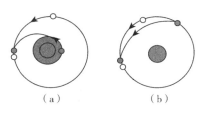

图 2.9 - 2

（3）加速度

在离中心天体越远的位置，卫星所受中心天体的万有引力越小，产生的加速度越小，在同一地点，不论在轨道 Ⅰ 还是轨道 Ⅱ 上，只要是经过同一地点（如图 2.9 - 3 的 A 点），卫星所受中心天体的万有引力相同，因为卫星只受中心天体的万有引力（相同），所以产生的加速度也相同。

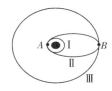

图 2.9 - 3

注意：这里所说的加速度是指卫星实际具有的加速度，即卫星所受合力产生的加速度，而不是其运动所需要的向心加速度，正因为两者不相等，卫星才会有离心或向心运动。

（4）周期

不管卫星在圆形轨道还是椭圆轨道上，由开普勒第三定律 $\frac{R^3}{T^2} = k$ 可知，轨道半径（或半长轴）越大（即轨道越大），其周期也越大，所以卫星在图 2.9 - 3 所示的 Ⅰ 、Ⅱ 、Ⅲ 三个轨道上的周期关系为 $T_1 < T_2 < T_3$。

（5）机械能

卫星在一个确定的圆（椭圆）轨道上运动时，机械能守恒（因为只有引力做功）。

由于卫星从低轨道变到高轨道有一个加速过程，需要对卫星做功，所以卫星变到高轨道后，其机械能要增加。所以卫星在 Ⅰ 、Ⅱ 、Ⅲ 轨道的机械能关系为 $E_1 < E_2 < E_3$。

【例3】肩负着"落月"和"勘察"重任的"嫦娥三号"沿地月转移轨道直奔月球，如图 2.9 - 4 所示，在距月球表面 100km 的 P 点进行第一次制动后被月球捕获，进入椭圆轨道 Ⅰ 绕月飞行。之后，卫星在 P 点又经过第二次"刹车制动"，进入距月球表面 100km 的圆形工作轨道 Ⅱ，绕月球做匀速圆周运动，在经过 P 点时会再一次"刹车制动"进入近月点距月球表面 15 公里的椭圆轨道 III，然后择机在近月点下降进行软着陆，则下列说法正确的是(　　)

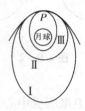

图 2.9 - 4

A. "嫦娥三号"在轨道 I 上运行的周期最长

B. "嫦娥三号"在轨道 III 上运行的机械能最大

C. "嫦娥三号"经过 P 点时，在轨道 II 上运行的线速度最大

D. "嫦娥三号"经过 P 点时，在三个轨道上的加速度相等

答案：AD

5. 双星模型

（1）定义

绕公共圆心转动的两个星体组成的系统，我们称之为双星系统，如图 2.9 - 5 所示。

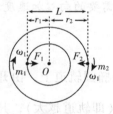

图 2.9 - 5

（2）特点

① 两颗星的周期及角速度都相同。

② 各自所需的向心力由彼此间的万有引力相互提供，即

对 m_1 : $G \dfrac{m_1 m_2}{L^2} = m_1 \omega^2 r_1$

对 m_2 : $G \dfrac{m_1 m_2}{L^2} = m_2 \omega^2 r_2$

③ 两颗星的半径与它们之间的距离关系为 $r_1 + r_2 = L$。

（3）双星的轨道半径

两颗星到圆心的距离，即其运行的轨道半径 r_1、r_2 与星体质量成反比，与

星体运动的线速度成正比，即

$$\frac{r_1}{r_2} = \frac{m_2}{m_1} = \frac{v_1}{v_2}$$

（4）双星运动的周期

$$T = 2\pi \sqrt{\frac{L^3}{G(m_1 + m_2)}}$$

（5）双星的总质量

$$m_1 + m_2 = \frac{4\pi^2 L^3}{G T^2}$$

【例4】宇宙中，两颗靠得比较近的恒星，只受到彼此之间的万有引力作用相互绕转，称之为双星系统。在浩瀚的银河系中，多数恒星都是双星系统。设某双星系统 A、B 绕其连线上的 O 点做匀速圆周运动，如图 2.9 – 6 所示，若 $AO > OB$，则（　　）

图 2.9 – 6

A. 星球 A 的质量一定大于星球 B 的质量

B. 星球 A 的线速度一定大于星球 B 的线速度

C. 双星间距离一定时，双星的质量越大，其转动周期越大

D. 双星的质量一定时，双星间距离越大，其转动周期越大

答案：BD

2.10 几种特殊力的功

1. 变力 F 的功

曲线运动中，如果力 F 的大小恒定不变，而方向始终与运动速度 v 方向相同，则这个力的功 $W = Fs_{路}$（$s_{路}$ 指的是物体所通过的路程）。

【练习1】如图 2.10－1 所示，在水平面上，有一弯曲的槽道，槽道由半径分别为 $\dfrac{R}{2}$ 和 R 的两个半圆构成。现用大小恒为 F 的拉力将一光滑小球从 A 点沿槽道拉至 B 点，若拉力 F 的方向时时刻刻均与小球运动方向一致，则此过程中拉力所做的功为（　　）

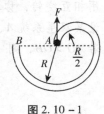

图 2.10－1

A. 0 　　　　　　　　　　　　B. FR

C. $\dfrac{3}{2}\pi FR$ 　　　　　　　　D. $2\pi FR$

答案：C

2. 阻力 f 的功

当阻力 f 的大小恒定不变，且方向始终与物体运动速度 v 方向相反时，这时阻力 f 做的功 $W = -fs_{路}$（$s_{路}$ 为物体通过的路程）。

3. 重力的功

重力所做的功只与物体初、末位置的高度差 Δh 有关，而与物体所通过的路径无关，即 $W_G = \pm mg\Delta h$（注意物体下降时重力做正功，上升时重力做负功）。

4. 电场力的功

$W_{AB} = qU_{AB}$ 适用于所有电场力的功，其功与电荷所通过的路径无关，只与初、末位置的电势差有关。

$W = qEs$ 只适用于恒定电场力做功的计算，s 为物体在电场力方向发生的位移（或物体所发生的位移在电场力方向的分位移），与路径无关。

【练习2】如图 2.10－2 所示，一个质量为 m，电量为 $-q$ 的小物体（可视为质点），可在水平轨道 x 上运动，O 端有一与轨道垂直的固定墙，轨道处于场强大小为 E，方向沿 Ox 轴正向的匀强电场中，小物体以初速度 v_0 从 x_0 点沿 Ox 轴道运动，运动中受到大小不变的摩擦力 f 作用，且 $f < qE$，小物体与墙碰

撞时不损失机械能，求它在停止前所通过的总路程 s。

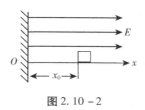

图 2.10 - 2

解析：由题意得，小物块最终只能停在墙角处，对小物块运动的全过程由动能定理得

$qE \cdot x_0 - f \cdot s = \Delta E_k = 0 - \dfrac{1}{2}mv_0^2$，解得 $s = \dfrac{2qEx_0 + mv_0^2}{2f}$

点评：注意电场力做功的特点是与所通过的路径无关，而阻力 f 做的功与所通过的路径有关。

【练习3】如图 2.10 - 3 所示，一平行板电容器的电容为 C，两板间的距离为 d，上板带正电，电量为 Q，下板带负电，电量也为 Q，它们产生的电场在很远处的电势为零。两个带异号电荷的小球用一绝缘刚性杆相连，小球的电量都为 q，杆长为 L，且 $L < d$。现将它们从很远处移到电容器内两板之间，处于如图所示的静止状态（杆与板面垂直），在此过程中两个小球克服电场力所做总功的大小等于多少？（设两球移动过程中极板上电荷分布情况不变）（   ）

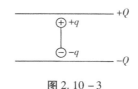

图 2.10 - 3

A. $\dfrac{QLq}{Cd}$ B. 0

C. $\dfrac{Qq}{Cd}(d - L)$ D. $\dfrac{CLq}{Qd}$

答案：A

5. 作用力和反作用力的功

一对相互作用的作用力和反作用力，可以同时做正功，可以同时做负功，也可以一个做正功，另一个做负功，还可以一个做功，而另一个力不做功，也可能都不做功。

【练习4】下列说法正确的是（   ）

A. 两带正电的小球在绝缘水平面上因相互间的库仑排斥力而远离，此时它们间相互作用的作用力和反作用力都做正功，若给其中一带电小球一初速度，使它们相对靠近时，则其间的相互作用力都做负功。

B. 一物块在粗糙水平面上向前滑行，此时地面对物块的摩擦力（作用力）对物块做负功，而物块对地面的摩擦力（反作用力）对地面不做功。

C. 如图 2.10 - 4 所示，一长木板放在光滑水平面上，一物块放在长木板上，长木板给物块的摩擦力对物块做正功，而物块给木板的摩擦力对长木板做负功。

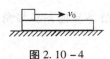

图 2.10 - 4

D. 在图 2.10 - 4 中，物块对木板的压力（作用力）及木板对物块的支持力（反作用力）都不做功。

答案：ABD

6. 物体在斜面自由滑动时摩擦力的功

如图 2.10 - 5 所示，长为 L 的斜面固定不动，底边长为 s，物体与斜面间的动摩擦因数为 μ，当物块沿斜面自由下滑时，克服摩擦力的功为 μmg 与斜面所对应的底边长 s 的乘积。即 $W_f = \mu mg \cdot s$。

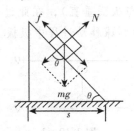

图 2.10 - 5

【练习5】一个物体从斜面上高 h 处由静止滑下并紧接着在水平面上滑行一段距离后停止，测得停止处与开始运动处的水平距离为 s，如图 2.10 - 6 所示，不考虑物体滑至斜面底端的碰撞作用，并设斜面和水平面与物体间的动摩擦因数都相同，求动摩擦因数的值。

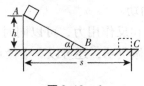

图 2.10 - 6

答案：$\dfrac{h}{s}$

2.11　几种力的功与能量转化的对应关系

1. 重力的功对应重力势能的变化

重力做正功时，物体的重力势能减少，重力做负功时，重力势能增加。重力势能变化的多少只取决于重力的功（始终等于重力的功或克服重力所做的功），与其他力做不做功，做多少功无关。

2. 电场力的功对应电势能的变化

电场力做正功，电势能减少，电场力做负功，电势能增加。电势能变化的多少只取决于电场力的功（始终等于电场力的功或克服电场力所做的功），与其他力做不做功，做多少功无关。

3. 弹簧弹力的功对应弹簧弹性势能的变化

弹簧形状改变时，若弹力做正功，弹簧的弹性势能减少，若弹簧弹力做负功（或克服弹簧弹力做功），弹簧的弹性势能增加。弹簧的弹性势能变化的多少只取决于弹簧的弹力的功（始终等于弹簧弹力的功或克服弹簧弹力所做的功），与其他力做不做功，做多少功无关。

4. 合外力的功对应物体动能的变化

合外力的总功等于物体的动能变化，合外力做多少正功，物体的动能增加多少，合外力做多少负功，物体的动能就减少多少。

5. 机械能变化

（1）对单个物体，机械能守恒的条件是只有重力做功。除重力之外的其他力做多少正功，物体的机械能便增加多少，除重力外的其他力做多少负功，物体的机械能便减少多少。

（2）对几个物体组成的系统，机械能守恒的条件是只有重力、系统内弹力做功，除重力、系统内弹力之外的其他力做多少正功，系统的机械能就增加多少，除重力、系统内弹力外的其他力做多少负功，系统的机械能就减少多少。

6. 克服系统内摩擦力的功对应系统内能的增加

克服系统内摩擦力所做的功等于系统产生的内能。即 $Q = f \cdot \Delta s$（Δs 指的是两物体间发生的有摩擦力的那段相对路程）。

7. 安培力的功

电磁感应中克服感应电流所受安培力做的功等于回路所产生的电能，若通电导线所受的安培力对外做功，则安培力做多少正功，其电能便减少多少。

【例】 如图 $2.11-1$ 所示，一带正电的物块 m 放在粗糙固定的斜面上，斜面处在足够大的竖直向下的匀强电场中，当用力 F 通过绳索绕过光滑定滑轮沿斜面向上拉物块，使之沿斜面加速向上移动。在移动过程中，下列说法正确的是（　　）

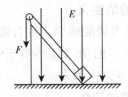

图 2.11 - 1

A. 力 F 及重力、摩擦力、电场力等做的功等于物块增加的机械能

B. 木箱增加的重力势能等于木箱克服重力所做的功

C. 电场力对物块做的功等于物块减少的电势能

D. F 做的功等于物块增加的机械能、电势能与物块克服摩擦力做的功

答案：BD

2.12 机车起动的两种方式

1. 机车的功率与机车的运行

额定功率：发动机的额定功率是指发动机正常工作时输出的最大功率。

实际功率：机车的实际功率是指实际工作的功率。如图 2.12 - 1 所示，机车行驶时，受向前牵引力 F 和向后的阻力 f，其行驶速度为 v，则机车的实际输出功率是其施加的牵引力做功的功率，即 $P = Fv$。在一般情况下，发动机的实际功率应小于额定功率，机车在行驶中：

图 2.12 - 1

当 P 一定时，F 与 v 成反比。

当 F 一定时，v 与 P 成正比。

当 v 一定时，F 与 P 成正比。

2. 机车起动的两种方式

（1）以恒定功率 P 起动（P 恒定不变）

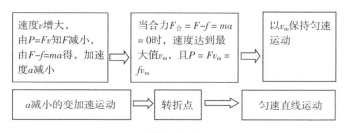

图 2.12 - 2

其运动的 $v - t$ 图像如图 2.12 - 3 所示：

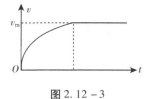

图 2.12 - 3

199

（2）机车以恒定的加速度起动（即加速度 a，牵引力 F 恒定）

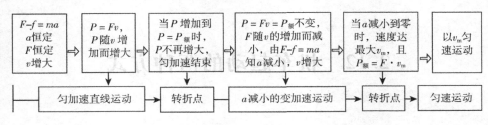

图 2.12 - 4

其运动的 $v - t$ 图像如图 2.12 - 5 所示：

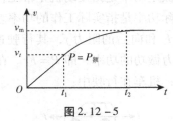

图 2.12 - 5

结论：

① 在匀加速起动过程中，当功率达到额定功率时，匀加速结束，此时牵引力还保持匀加速启动时的牵引力瞬间不变，而后随着速度的增大才减小。

② 不管哪种情况，在功率最大时，当合力为零时，机车的速度最大。

【练习】如图 2.12 - 6 所示为修建高层建筑常用的塔式起重机。在起重机将质量 $m = 5 \times 10^3$ kg 的重物竖直吊起的过程中，重物由静止开始向上做匀加速直线运动，加速度 $a = 0.2 \text{m/s}^2$，当起重机输出功率达到其允许的最大值时，保持该功率直到重物做 $v_{\text{m}} = 1.02 \text{m/s}$ 的匀速运动。取 $g = 10 \text{m/s}^2$，不计额外功。求：

① 起重机允许输出的最大功率。

② 重物做匀加速运动所经历的时间和起重机在第 2 秒末的输出功率。

图 2.12 - 6

答案：（1）$5.1 \times 10^4 \text{W}$　　（2）5s，$2.04 \times 10^4 \text{W}$

2.13　库仑定律部分特殊规律

1. 在同一直线上三个自由点电荷平衡时的电性和位置关系为：大夹小（电量），同夹异（电性），近小远大。（中间电荷离边缘电荷中电量较小的近一些）

2. 两个带电量分别为 q_1、q_2 的小球球心相距 r 且不能看作点电荷，若它们带同种电荷时，则它们之间的库仑力 $F < k\dfrac{q_1 q_2}{r^2}$，带异种电荷时，库仑力 $F > k\dfrac{q_1 q_2}{r^2}$。

【练习】三个点电荷 q_1、q_2、q_3 在真空中依次排列成一条直线，q_2 与 q_3 间的距离为 q_1 与 q_2 间距离的 2 倍，若三个电荷只受库仑力作用均处于平衡状态，则 $q_1 : q_2 : q_3$ 为（　　）

A.　$(-9) : 4 : (-36)$

B.　$9 : 4 : 36$

C.　$(-3) : 4 : (-6)$

D.　$3 : 2 : 6$

答案：A

2.14 带电粒子在匀强电场中的偏转

1. 带电粒子的偏转

如图 2.14 – 1 所示，一带电粒子以初速度 v_0 垂直于电场方向进入间距为 d、长为 L、板间电压为 U 的两极板间，则

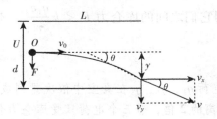

图 2.14 – 1

（1）偏转位移：$y = \dfrac{1}{2}at^2 = \dfrac{qUL^2}{2dmv_0^2}$（与偏转电压 U 成正比）。

（2）速度偏转角：$\tan\theta = \dfrac{v_y}{v_0} = \dfrac{qUL}{mdv_0^2}$。

（3）当带电粒子离开偏转电场时，其速度反方向延长线交于入射方向位移的中点，就好像粒子是从极板中间 $\dfrac{L}{2}$ 处沿直线射出的（好似从中部射出）。

2. 先加速再偏转

如图 2.14 – 2 所示，一带电粒子由加速电场 U_1 的最左端静止释放，而后垂直于偏转电场方向进入间距为 d、电压为 U_2、长为 L 的两极板间偏转，则

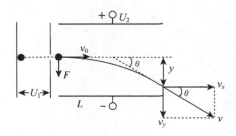

图 2.14 – 2

（1）偏转位移：$y = \dfrac{qU_2L^2}{2dmv_0^2} = \dfrac{U_2L^2}{4dU_1}$

（2）速度偏转角：$\tan\theta = \dfrac{v_y}{v_0} = \dfrac{qU_2L}{dmv_0^2} = \dfrac{U_2L}{2dU_1}$

（3）不同的带电粒子（电性相同），若经同一电场由静止加速后，又进入同一偏转电场偏转，则它们的运动轨迹必然相同，且离开电场时的位置和速度方向相同，但速度大小不一定相同。

【练习】真空中的某装置如图 2.14 – 3 所示，其中平行金属板 A、B 之间有加速电场，C、D 之间有偏转电场，M 为荧光屏。今有质子、氘核和 α 粒子均由 A 板从静止开始被加速电场加速后垂直于电场方向进入偏转电场，最后打在荧光屏上。已知质子、氘核和 α 粒子的质量之比为 $1:2:4$，电荷量之比为 $1:1:2$，则下列判断中正确的是（ ）

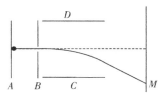

图 2.14 – 3

A. 三种粒子从 B 板运动到荧光屏经历的时间相同

B. 三种粒子打到荧光屏上的位置相同

C. 偏转电场的电场力对三种粒子做功之比为 $1:2:2$

D. 偏转电场的电场力对三种粒子做功之比为 $1:2:4$

答案：B

2.15　电容器专题

1. 平行板电容器

（1）平行板电容器充电后，若继续保持电容器两极板与原电路连接不变，则电容器两极板之间的电势差不变。

（2）若电容器充电后与原电路断开，则电容器两极板上的电量保持不变，此时改变两极板之间距离时，两极板之间的电场强度保持不变。

【练习1】如图 2.15－1 所示，两块较大的金属板 A、B 相距为 d，平行放置并与一电源相连，电键 S 闭合后，两板间恰有一质量为 m，带电量为 q 的油滴处于静止状态，则下列选项正确的是（　　）

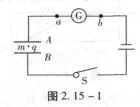

图 2.15－1

A. 若将 A 板向左平移一小段距离，则油滴向下加速运动，G 中有自 a 向 b 的电流

B. 若将 A 板向上平移一小段距离，则油滴向下加速运动，G 中有自 b 向 a 的电流

C. 若将 A 板向左平移一小段距离，则油滴向上加速运动，G 中有自 b 向 a 的电流

D. 若将电键 S 断开，则油滴将作自由落体运动，G 中无电流

答案：B

2. 含有电容器的直流电路的分析基本思路

（1）电路的简化：在直流电路中，当电容器充、放电时，电路有充、放电电流，一旦电路达到稳定状态，电容器在电路中就相当于一个阻值无限大的元件，在电容器处的电路可看作断路，简化电路时可去掉。同时，与电容器串联的电阻也一起简化掉。

（2）电容器两端电压的确定：简化后，若要求出电容器带电量或讨论与电容有关的其他问题时，可在相应位置把电容器补上，并把与电容器所在支路串联的用电器看作导线，分析和计算含有电容器的直流电路时，关键是准确地

204

判断和求出电容器两端的电压，具体方法：

① 确定电容器和哪个电阻并联，该并联电路两端的电压即为电容器两端的电压。

② 对较复杂的电路，需要将电容器两端的电势与基准点（通常取电源负极为零电势点）的电势比较后才能确定电容器两端的电压。

③ 若电容器两端的电压变化时，要正确判断电压是升高还是降低，电量是增加还是减少，并由此推断电路中的电流方向。注意电容器充电过程是电量增加，充电电流是流向正极板，而放电过程是电量减小，放电电流是从正极板流向负极板。

【练习2】如图 2.15 – 2 所示的电路中，R_1、R_2、R_3、R_4 为四个可变电阻器，C_1、C_2 为两个极板水平放置的平行板电容器，两电容器的两极板间分别放着一个油滴 P、Q 处于静止状态，欲使油滴 P 向上运动，Q 向下运动，应增大哪个变阻器的电阻（　　）

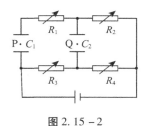

图 2.15 – 2

A. R_1 B. R_2

C. R_3 D. R_4

答案：C

【练习3】如图 2.15 – 3 所示，$R_1 = 6\Omega$，$R_2 = 9\Omega$ 为定值电阻，滑动变阻器的最大阻值为 $R = 5\Omega$，则当滑动变阻器的滑片从 a 端向 b 端滑动过程中，电容器 m、n 两极板之间的电压如何变化？当滑片 P 置于何处时，电容器两极板之间的电势差为零。

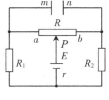

图 2.15 – 3

（提示：找到 a、b 两端的电势——相对于电源负极零电势点）

答案：先变小后变大，$R_{Pa} = 2\Omega$

2.16 恒定电流部分习题结论

1. 并联电路的最大电阻

如图 2.16-1 所示，若两并联支路的电阻代数和恒定（即 $R_1 + R_2 + R_{Pa} + R_{Pb} =$ 恒量），则当两并联支路电阻相等（即 $R_1 + R_{Pa} = R_2 + R_{Pb}$）时，并联后的总电阻最大。

【例】如图 2.16-1 所示，R_1、R_2 为定值电阻，R 为滑动变阻器的最大阻值，则当滑动变阻器滑片从 a 端滑向 b 端时，电流表的示数如何变化？

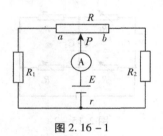

图 2.16-1

答案：先变小后变大

2. 分压电路的电流

如图 2.16-2 所示，R_0 为定值电阻，可变电阻的最大阻值为 R，电流表内阻不计，电压 U 固定不变，则

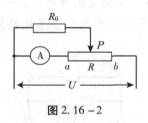

图 2.16-2

① 当 $R_{Pa} = \dfrac{R}{2}$ 时，即滑片在滑动变阻器中间位置时，电流表示数最小。

② 当 $R_{Pa} = 0$ 或 $R_{Pa} = R$ 时，即滑片滑至 a 端或 b 端时，电流表示数最大。

2.17　人船模型

当一个相互作用的系统初始状态均静止，若在相互作用过程中系统所受合外力为零或在某一方向所受合外力为零时，则系统动量守恒或在这一方向动量守恒。当一个物体向某一方向运动位移 s_1 时，必然引起另一物体向相反的方向运动位移 s_2 ，如图 2.17 – 1 所示，此时有：

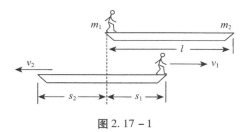

图 2.17 – 1

规律 I：前进物体质量和前进位移的乘积必等于后退物体质量与后退位移的乘积。

$$m_1 s_1 = m_2 s_2$$

规律 II：人动船动，人停船停，人快船快，人慢船慢。人左船右，人右船左。

注意：初始状态系统必须静止，且系统合外力为零（或某一方向上合外力为零）。

【例】如图 2.17 – 2 所示，一质量为 M 的轨道滑块放在光滑水平面上，其中 AB 部分为 $\frac{1}{4}$ 圆弧，半径为 R 且光滑，水平部分 BC 足够长且与小球的动摩擦因数为 $\mu = 0.25$ ，若从 A 处由静止释放一质量为 m 的小球，问轨道后退的距离为多少？

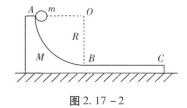

图 2.17 – 2

解析：对系统而言，水平方向动量守恒，$0 = (M + m)v$。能量守恒，$\mu mg\Delta s = \Delta E = mgR - \frac{1}{2}(M + m)v^2$。

所以小球在轨道水平部分滑动的距离为 $\Delta s = \frac{R}{\mu} = 4R$。

且全过程中系统在水平方向平均动量守恒，即 $Ms_1 = ms_2$，且 $s_1 + s_2 = R + \Delta s$，所以轨道后退的距离为 $s_2 = \frac{m}{M + m} \cdot 5R$。

2.18 弹性碰撞

弹性碰撞：发生弹性碰撞的两物体碰后能够恢复原状，碰撞前后系统的动量守恒，总动能不变。

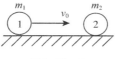

图 2.18 – 1

如图 2.18 – 1 所示，在同一水平面上，一质量为 m_1 的小球 1 以速度 v_0 与质量为 m_2 的静止小球 2 发生弹性正碰，碰后的速度分别为 v_1 和 v_2，小球 1 和 2 相互碰撞过程：

系统动量守恒：$m_1 v_0 = m_1 v_1 + m_2 v_2$。

系统动能不变：$\dfrac{1}{2}m_1 v_0^2 = \dfrac{1}{2}m_1 v_1^2 + \dfrac{1}{2}m_2 v_2^2$。

所以碰后两小球的速度分别为：

$$v_1 = \frac{m_1 - m_2}{m_1 + m_2}v_0 \ , \ v_2 = \frac{2m_1}{m_1 + m_2}v_0 \text{。}$$

（1）当 $m_1 = m_2$ 时，$v_1 = 0$，$v_2 = v_0$，即两球交换速度。

（2）当 $m_1 \ll m_2$ 时，$v_1 \approx -v_0$，即质量很小的小球去碰质量较大的小球几乎被原速反向弹回。

（3）当 $m_1 > m_2$，$0 < v_1 < v_0$，$v_2 > v_0$，质量较大的小球去碰质量较小的小球，碰后两者都向碰前速度方向运动，且前面被碰球速度大于后面入射球速度。

（4）当 $m_1 < m_2$，$v_1 < 0$，$0 < v_2 < v_0$，质量较小的小球去碰质量较大的小球，碰后质量较小的小球被反向弹回，质量较大的小球向前运动，但速度小于碰前入射球的速度。

2.19 磁场重要习题规律与结论

1. 带电粒子在匀强磁场中做匀速圆周运动问题分析

（1）圆心的确定

①作出带电粒子入射和出射（磁场边界）速度方向垂线，其交点便为其做圆周运动的圆心。

②入射或出射磁场速度方向垂线与弦的中垂线的交点为其做圆周运动的圆心。

③作出其圆周轨迹上某两点速度方向的垂线，交点即为其做圆周运动的圆心。

（2）半径的确定

利用几何知识解直角三角形。做题时一定要作好辅助线，由圆的半径和其他几何边构成直角三角形。注意圆心角 α 等于粒子速度转过的偏向角 φ，且等于弦切角 θ 的 2 倍，如图 2.19－1 所示，即 $\varphi = \alpha = 2\theta$。

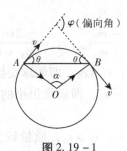

图 2.19－1

（3）粒子在磁场中做圆周运动的时间。

方法Ⅰ：用圆心角计算

$t = \dfrac{\alpha}{2\pi} \cdot T$，$\alpha$ 以弧度为单位，α 为粒子在磁场中做圆周运动转过的圆心角。

$t = \dfrac{\alpha}{360°} \cdot T$，$\alpha$ 以度为单位，α 为粒子在磁场中做圆周运动转过的圆心角。

方法Ⅱ：用圆弧长度计算

$t = \dfrac{s}{v}$，s 为粒子在磁场中做圆周运动通过的圆弧长度，v 为其圆周运动的线速度。

规律：当速率一定时，粒子运动的弧长越长，运动时间越长。当周期一定时，转过的圆心角越大，运动时间越长。

2. 粒子进入单边匀强磁场时，进出时磁场具有对称性

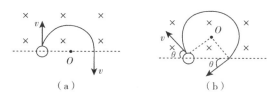

图 2.19 - 2

（1）如图 2.19 - 2（a）所示，粒子垂直边界进入匀强磁场时，经过半个圆周运动后又经过该边界垂直离开。

（2）如图 2.19 - 2（b）所示，粒子以某一角度 θ 从边界进入匀强磁场时，一定以同样的角度 θ 离开该边界。

3. 电性相反，比荷相同的带电粒子以相同的速度从匀强磁场的某一边界进入，它们将从入射点的两侧相同距离处以同样的方向，同样的速度从该边界离开，即 $AB = AC$。

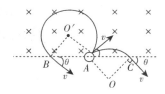

图 2.19 - 3

4. 在圆形匀强磁场区域内，沿径向垂直于磁场方向射入的粒子，必沿径向射出，即射出时其速度的反向延长线必过圆形磁场区域的圆心。

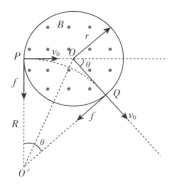

图 2.19 - 4

5. 带电粒子在叠加场无约束（无支撑）情况下的运动

带电粒子在电场、磁场、重力场的叠加场中且无约束（即没有支撑）情况下的运动情景：

（1）匀速圆周运动

条件是 $mg = qE$（等大反向，相互抵消），由洛伦兹力提供向心力，即 $qvB = \dfrac{mv^2}{R}$。

说明：若不满足 $mg = qE$（等大反向，相互抵消），重力（mg）与电场力（qE）的合力将对带电粒子做功，其动能（速度大小）将会发生变化，不可能做匀速圆周运动，而会做非匀变速曲线运动。

（2）直线运动

匀速直线运动：重力、电场力及洛伦兹力三个力的合力为零。

变速直线运动：洛伦兹力必为零，且重力与电场力的合力必与速度共线。

说明：带电粒子在洛伦兹力作用下做直线运动，若是没有约束（即无支撑）的情景，其运动只能是匀速直线运动，不可能是变速直线运动。

7. 磁流体发电机（等离子体发电机）

等离子体以速度 v 喷入磁场，正、负离子在洛伦兹力作用发生上下偏转而聚集到 A、B 两极板上，使得 A、B 两极板间存在电势差（相当于电源）从而对外供电，产生的电源电动势为

$$E_0 = Bdv。$$

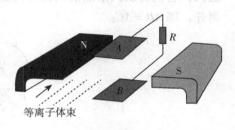

等离子体束

图 2.19 - 5

此电势差与霍尔效应中的霍尔电势差一样，d 为聚集正负电荷两极间的距离，v 为电荷定向移动速度。

【练习】空气电离后形成正负离子数相等、呈现中性状态的等离子体，现有如图 2.19 - 6 所示的装置：P 和 Q 为一对平行金属板，两板距离为 d，内有磁感应强度为 B 的匀强磁场，此装置叫磁流体发电机。设等离子体垂直进入磁场，速度为 v，电量为 q，气体通过的横截面积（即 PQ 两板正对空间的横截面积）为 S，等效内阻为 r，负载电阻为 R，求：

（1）磁流体发电机的电动势 E。

（2）磁流体发电机的总功率 P。

答案：（1）$E = Bdv$。（2）$P = \dfrac{(Bdv)^2}{R + r}$。

图 2.19 - 6

2.20 电磁感应部分习题结论

1. 转动切割电动势

如图 2.20 – 1 所示，直导线绕其一端在垂直于磁场的平面内以角速度 ω 转动时产生的感应电动势运用公式 $E = BL\bar{v}$ 计算，式中 $\bar{v}$ 是导线上各点切割速度的平均值 $\bar{v}$ ，所以 $E = \frac{1}{2}B\omega L^2$ 。

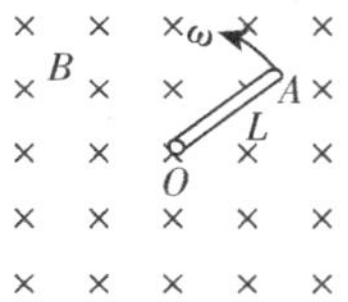

图 2.20 – 1

【练习】一直升机停在南半球的地磁场磁极上空。该处地磁场的方向竖直向上，磁感应强度为 B。直升机螺旋桨叶片的长度为 l，螺旋桨转动的频率为 f，顺着地磁场的方向看螺旋桨，螺旋桨按顺时针方向转动。螺旋桨叶片的近轴端为 a，远轴端为 b，如图 2.20 – 2 所示，如果忽略 a 到转轴中心线的距离，用 ε 表示每个叶片中的感应电动势，则（   ）

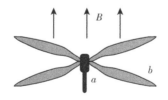

图 2.20 – 2

A. $\varepsilon = \pi f l^2 B$ ，且 a 点电势低于 b 点电势

B. $\varepsilon = 2\pi f l^2 B$ ，且 a 点电势低于 b 点电势

C. $\varepsilon = \pi f l^2 B$ ，且 a 点电势高于 b 点电势

D. $\varepsilon = 2\pi f l^2 B$ ，且 a 点电势高于 b 点电势

答案：A

2. 电磁感应的电量

电磁感应中通过单一闭合回路（无支路）某截面的电量 q 为

$$q = N \cdot \frac{\Delta \Phi}{R}$$

说明：R 为整个回路的总电阻，N 为线圈匝数，$\Delta \Phi$ 为磁通量的变化量。

规律：q 只和线圈匝数、磁通量的变化量及总电阻有关，与完成该过程需要的时间无关。

【例】在物理实验中，常用一种叫作"冲击电流计"的仪器测定通过电路的电荷量。如图 2.20-3 所示，探测线圈与冲击电流计串联后可用来测定磁场的磁感应强度。已知线圈的匝数为 n，面积为 S，线圈与冲击电流计组成的回路电阻为 R。若将线圈放在被测量的匀强磁场中，开始时线圈平面与磁场垂直，现把探测线圈翻转 $90°$，冲击电流计测出通过线圈的电荷量为 q，由上述数据可测出被测量磁场的磁感应强度为（　　　）

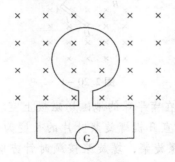

图 2.20-3

A. $\dfrac{qR}{S}$　　　　B. $\dfrac{qR}{nS}$　　　　C. $\dfrac{qR}{2nS}$　　　　D. $\dfrac{qR}{2S}$

答案：B

第 3 篇

电学实验部分重要规律

3.1　基本仪器的使用常规和读数

3.1.1　电压表、电流表的使用常规与读数

1. 弄清仪器的量程

我们常用的电流表有 0 ~ 0.6A 和 0 ~ 3A 两挡量程，电压表有 0 ~ 3V 和 0 ~ 15V 两挡量程。

2. 弄清仪器的最小刻度和读数方法

读数的基本原则：凡仪器最小刻度是 10 分度的，要求读到最小刻度后再往下估读一位（估读的这位是不可靠数字）。凡仪器最小刻度不是 10 分度的，只要求读到最小刻度所在的这一位，不再往下估读，最小刻度是几位小数，结果便是几位小数（以最小刻度的单位作为单位）。

【例1】如图 3.1 - 1 所示是电流表的刻度盘。若当时使用的是该表的 0 ~ 0.6A 量程，那么电表读数为多少？若当时使用的是该表的 0 ~ 3A 量程，那么电表读数又为多少？

答案：0.15A，0.75A

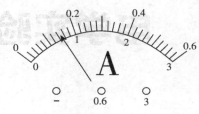

图 3.1 - 1

4. 检查并调整机械零点

使用仪器前，一定要检查零点，这样才能得到正确的测量结果。我们用的指针式电表上都有调零螺丝，用螺丝刀可以调整指针的机械零点。

3.1.2　螺旋测微器的使用与读数

1. 构造

如图 3.1 - 2 所示，它的测砧 A 和固定刻度 B 固定在尺架 C 上，可动刻度 E、旋钮 D 和微调旋钮 D′ 是与测微螺杆 F 连在一起的，并通过精密螺纹套在 B 上，精密螺纹的螺距是 0.5mm，即旋钮 D 每转一周，测微

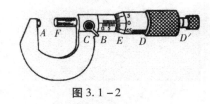

图 3.1 - 2

螺杆 F 前进或后退 0.5mm，可动刻度分成 50 等份，每一等份表示 0.01mm。

2. 使用方法

当 A 与 F 并拢时，可动刻度 E 的左边缘恰好跟固定刻度 B 的零刻度线重合，逆时针旋转旋钮 D，将测微螺杆 F 旋出，把被测物体放入 A、F 之间的夹缝中，再顺时针旋转旋钮 D，使 A、F 正好接触被测物。在使用时，当 F 快要接触被测物时，要停止使用旋钮 D，改用微调旋钮 D'。

3. 读数方法

$L =$ 固定刻度示数（mm）＋可动刻度示数（估读一位）× 分度值（0.01mm）也即精确度。

注意：

① 以毫米为单位时，小数点后面要有三位有效数字，特别是最后一位估读数字为零时，不能省略。

② 在读数时，注意半毫米刻度线是否已露出。

【例2】 如图 3.1-3 所示，请读数。

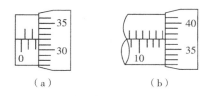

（a）　　　　　（b）

图 3.1-3

答案：如图 3.1-3（a）所示，读数为 $2\text{mm} + 32.0 \times 0.01\text{mm} = 2.320\text{mm}$

如图 3.1-3（b）所示，读数为 $13.5\text{mm} + 37.0 \times 0.01\text{mm} = 13.870\text{mm}$

3.1.3 游标卡尺的使用与读数

1. 构造

如图 3.1-4 所示，由主尺、游标尺、内测量爪、外测量爪、深度尺和紧固螺钉等组成。

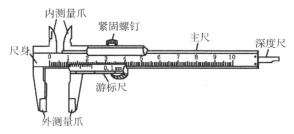

图 3.1-4

217

2. 用途

测量厚度、长度、深度、内径、外径。

3. 精确度

常见的游标卡尺的游标尺上的等分刻度有 10 等分的、20 等分的和 50 等分的，其精确度分别为

10 等分的，精确度 $0.1\,\mathrm{mm}$ $\left(\dfrac{1}{10}\right)$。

20 等分的，精确度 $0.05\,\mathrm{mm}$ $\left(\dfrac{1}{20}\right)$。

50 等分的，精确度 $0.02\,\mathrm{mm}$ $\left(\dfrac{1}{50}\right)$。

4. 读数

游标尺零刻度对齐的主尺读数（不估读，注意单位）＋游标尺与主尺对齐的刻度线数 $n\times$ 精确度。

5. 注意事项

（1）游标卡尺主尺上所标数值单位一般为厘米，不能误认为毫米数来读，最后的读数一般以 mm 为单位，读出后，再按要求换算成要求的单位。

（2）游标卡尺不能估读，在主尺读数时，一定要读游标零刻线左边最近的主尺刻度线的值。

（3）在读小数部分时，一定要认清游标尺的第几条刻度线与主尺上的刻度线对齐，游标尺的最前边的零刻度线不能读成第一条刻度线。

【例 3】 如图 3.1－5 所示，读出下列游标卡尺的读数。

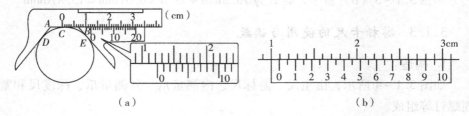

（a） （b）

图 3.1－5

答案：如图 3.1－5（a）所示，读数：$1.2\,\mathrm{cm}+8\times0.05\,\mathrm{mm}=1.240\,\mathrm{cm}$

如图 3.1－5（b）所示，读数：$1\,\mathrm{cm}+18\times0.05\,\mathrm{mm}=1.090\,\mathrm{cm}$

3.1.4 多用电表的读数

1. 测量功能

可用于测电压、电流和电阻等物理量。

2. 测量方法

电压、电流测量的方法和注意的问题与用单独的电表测量时基本一样，测电阻的方法见《多用表的原理和使用》。

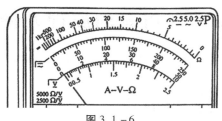

图 3.1 - 6

3. 表盘刻度特点

（1）最上面刻度：测电阻，即欧姆表刻度盘，不均匀，左密右疏，零刻度在右边。

（2）中间刻度：用于测电流、电压刻度盘（交直流均可），且刻度均匀。

① 凡量程是 2.5、25、250V 或 A 的用 0～250 刻度读数。

② 凡量程是 0.5、5、50、500V 或 A 的用 0～50 刻度读数。

③ 凡量程是 0.1、1、10、100V 或 A 的用 0～10 刻度读数。

（3）最下面刻度：用于交流电压 2.5V 的测定时计数。

【例4】如图 3.1 - 7 所示为多用电表的刻度盘。若选用倍率为"×100"的电阻挡测电阻时，表针指示如图所示，则

图 3.1 - 7

（1）所测电阻的阻值为_____Ω。如果要用此多用电表测量一个阻值约为 $2.0 \times 10^4 \Omega$ 的电阻，为了使测量结果比较精确，应选用的欧姆挡是_____（选填"×10""×100"或"×1k"）。

（2）用此多用电表进行测量，当选用量程为 50mA 的电流挡测量电流时，表针指于图示位置，则所测电流为_____mA。当选用量程为 250mA 的电流挡测量电流时，表针指于图示位置，则所测电流为_____mA。

（3）当选用量程为 10V 的电压挡测量电压时，表针也指于图示位置，则所测电压为_____V。

答案：（1）1.5×10^3，×1k　（2）30.8（30.7～30.9 都正确），154

（3）6.2

3.2 多用表的原理及使用

3.2.1 欧姆表的原理和使用

1. 欧姆表内部构造：由表头 G、电源 E 和可变电阻 R_0 三部分组成

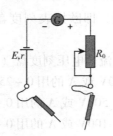

图 3.2 - 1

2. 欧姆表原理

依据闭合电路的欧姆定律制成，由电流表改装而成。

3. 欧姆表测量原理

如图 3.2 - 2 所示，当红、黑表笔间接入被测电阻 R_x 时，通过表头的电流 $I = \dfrac{E}{R_x + R_0 + R_g + r}$，改变 R_x，电流 I 随着改变，每个 R_x 值都对应一个电流值，在刻度盘上直接标出与 I 值对应的 R_x 值，就可以从刻度盘上直接读出被测电阻的阻值。

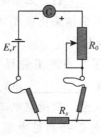

图 3.2 - 2

说明：

① 当红、黑表笔断开时，电流表中电流为零，此时表笔间电阻无穷大，

所以在表盘上电流零刻度处标电阻"∞"。

②当红、黑表笔短接时，调节欧姆调零电阻，使电流表指针满偏，所以在电流满偏处标电阻"0"，所以欧姆表指针偏角越大，表明被测电阻越小。

③由于通过表头的电流I与R_x不成比例，所以欧姆表的刻度不均匀，左密右疏。

4. 欧姆表内阻

将红、黑表笔短接，调节滑动变阻器使电流表达到满偏电流I_g，根据闭合电路的欧姆定律，$I_g = \dfrac{E}{r + R_g + R_0}$，故欧姆表内阻$R_内 = \dfrac{E}{I_g} = r + R_g + R_0$。

5. 中值电阻

当外加电阻$R_x = r + R_g + R_0$时，电流为$I = \dfrac{E}{R_x + R_0 + R_g + r} = \dfrac{1}{2}I_g$，此时电流表指针指在刻度盘的中央，该电阻叫中值电阻，所以欧姆表的中值电阻等于欧姆表的内阻。

6. 多用表欧姆挡测电阻的步骤

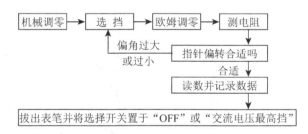

图 3.2 – 3

说明：

① 如图 3.2 – 4 所示，欧姆调零是指将红、黑表笔短接，调整欧姆调零旋钮至指针指到欧姆盘的零刻度处。

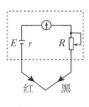

图 3.2 – 4

② 测电阻时要看指针偏转是否合适，应尽可能使指针指在中央位置附近，若指针向右偏转太大，说明选用的挡位偏大，应重新选择低挡位来测量，若指针向右偏转太小，说明挡位选择偏小，应换用高挡位进行测量。若指针偏转即挡位不合适，应重新选取挡位，每换一个倍率（挡位），都要重新进行欧

姆调零。

③ 读数并记录数据时应该乘以倍率。

注意事项：

① 测电阻时，待测电阻要与电源以及其他电阻断开，且不能用手接触表笔。

② 选择欧姆挡量程时，应尽量使指针指在表盘中央位置附近。

③ 换用欧姆挡的另一量程时，一定要重新进行"欧姆调零"后，才能进行测量。

④ 电路中有电源时不能用欧姆挡直接测量。

⑤ 使用完欧姆表后一定要将选择开关置于"OFF"或"交流电压最高挡"。

⑥ 由于欧姆表内有干电池，干电池用旧后，电动势会减小，内阻会变大，进而致使电阻测量值偏大，因此要及时更换新电池。

⑦ 欧姆表的表盘刻度不均匀，一般不估读。

3.2.2 多用表表盘特点和功能

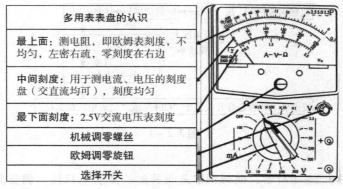

图 3.2 – 5

3.2.3 多用表转换原理

多用电表是通过旋转选择开关改变内部电路结构，将表内一表头分别与不同的改装电阻串、并联或是与电源、电阻串联等分别改装成电压表、电流表或欧姆表。

1. 电流表的改装原理

由同一表头并联不同电阻改装而成的量程不同的电流表。

2. 电压表的改装原理

由同一表头串联不同电阻改装而成的量程不同的电压表。

3. 欧姆表的改装原理

将表头与电池和调零电阻串联，并将对应 R_x 的电流刻度值改为电阻值即为欧姆表。

【例】 如图 3.2－6 所示是简化的多用电表的电路图。转换开关 S 与不同接点连接，就组成不同的电表，已知 $R_3 < R_4$，下面是几位同学对这一问题的议论，请你判断下列说法正确的是（　　　）

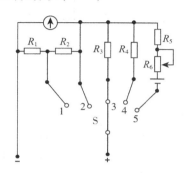

图 3.2－6

A. S 与 1 或 2 连接时，多用电表就成了电流表，且前者量程较大

B. S 与 3 或 4 连接时，多用电表就成了电流表，且前者量程较大

C. S 与 3 或 4 连接时，多用电表就成了电压表，且前者量程较大

D. S 与 5 连接时，多用电表就成了欧姆表

答案：AD

3.2.4　多用表的使用

1. 测电压、电流

（1）检查多用电表的指针是否停在表盘刻度左端的零刻线位置。若不指零，则可用小螺丝刀进行机械调零。

（2）将红、黑表笔分别插入"＋""－"插孔。

（3）将多用电表选择开关置于直流电压挡，将电表与被测电路并联，注意红表笔接触点的电势应该比黑表笔高，如图 3.2－7 所示为测量小灯泡两端的电压。

（4）将多用电表选择开关置于直流电流挡，将被测电路导线卸开一端，把多用电表串联在电路中，注意电流应该从红表笔流入电表。如图 3.2－8 所示为测量通过小灯泡的电流。

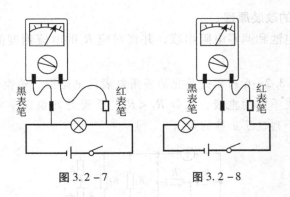

图 3.2 - 7   图 3.2 - 8

2. 测电阻

见本节欧姆表测电阻的步骤。

3. 研究二极管的单向导电性

（1）测正向电阻：将多用电表的选择开关旋至低倍率的欧姆挡，调整欧姆零点之后，将黑表笔接触二极管的正极，红表笔接触二极管的负极，把读得的欧姆数乘以欧姆挡的倍率，即为二极管的正向电阻。

（2）测反向电阻：将多用电表的选择开关旋至高倍率的欧姆挡，调整欧姆零点之后，将黑表笔接触二极管的负极，红表笔接触二极管的正极，把读得的欧姆数乘以欧姆挡的倍率，即为二极管的反向电阻。

4. 注意事项

（1）红、黑表笔一定要分别插入"＋""－"插孔。

（2）电流进出电表的流向。

① 电流挡串联接入电路，电流从红表笔流进电表，从黑表笔流出电表，即"红进黑出"。

② 电压挡并联接入电路，红表笔接高电势点，黑表笔接低电势点，电流仍然是"红进黑出"。

③ 使用欧姆挡时，红表笔连接表内电源的负极，黑表笔连接表内电源的正极，电流仍然是"红进黑出"。

（3）电压、电流的读数要看清选择开关所选择的量程，搞清楚每一小格（即分度值）表示多少，并据此弄清楚应读到的有效数字位数。

3.3 示波器的使用

1. 示波器面板结构及名称

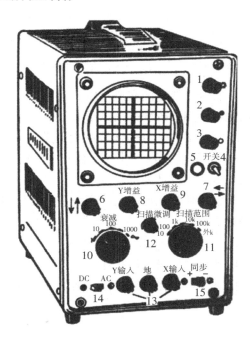

图 3.3 – 1

2. 各旋钮功能及使用方法

1——**辉度调节旋钮**：用来调节图像的亮度，顺时针旋转，图像亮度变大，反之变小。

2——**聚焦调节旋钮**：调节示波器中电子束的焦距，使其焦点恰好会聚于屏幕上，显现的光点成为清晰的圆点，并得到清晰的图像。

3——**辅助聚焦旋钮**：控制光点在有效工作面内的任意位置上散焦最小，与聚焦调节旋钮配合使用。

4——**电源开关**：当把开关拔向开的位置时，指示灯亮，经预热 1 到 2 分钟后，示波器可以正常使用。

5——**电源指示灯**：指示灯亮时，表示电源打开接通。

6——**竖直位移旋钮**：调节屏幕上光点或信号波形在竖直方向移动，顺时针旋转，图像向上移动。

7——**水平位移旋钮**：调节屏幕上光点或信号波形在水平方向移动，顺时针旋转，图像向右移动。

8——**Y 增益旋钮**：调整图像在竖直方向的幅度，顺时针旋转，图像竖直方向的幅度放大。

9——**X 增益旋钮**：控制水平方向扫描迹线长度，即水平方向的幅度，顺时针旋转，水平方向的幅度放大。

10——**衰减旋钮**：有 1、10、100、1000 四个挡，表示输入信号衰减的倍数，"1"挡不衰减，其余挡分别可使加在竖直偏转电极上的信号电压按上述倍数衰减，即分别衰减为 $\frac{1}{10}$、$\frac{1}{100}$、$\frac{1}{1000}$，最右边的"〜"是由机内自行提供的竖直方向的按正弦规律变化的交流电压。

11——**扫描范围旋钮**：用来改变扫描电压的频率范围，有四个挡，左边第一挡是 10～100Hz，即可以在 10～100Hz 范围内调节，向右旋转每升高一挡，扫描频率范围增大 10 倍。最右边的"外 X"挡——使用这一挡时，机内没有扫描电压，水平方向的电压可以从外部输入。

12——**扫描微调旋钮**：使扫描电压的频率在选定的范围内连续变化。

13——**外部信号输入端**：包括"Y 输入""X 输入"和"地"三个接线柱。

Y 输入：竖直方向被测信号输入接线柱。

X 输入：水平方向被测信号输入接线柱。如果使用机内扫描电压，则不使用"X 输入"接线柱。

地：公共接地的输入接线柱。

14——**DC、AC（交直流）选择开关**：竖直方向输入信号的直流、交流选择开关。置于"DC"位置时，被测信号直接输入，适用于观察各种信号。置于"AC"时，被测信号经电容器耦合输入，可以让交流信号通过而隔断直流成分。

15——**同步极性选择开关**：在观察正弦交流电时，改变同步选择开关，可使屏上的电压波形从正半周或负半周开始。

3. 示波器使用技巧

（1）看亮斑

辉度调节旋钮逆时针旋转到底，竖直位移和水平位移旋钮旋到中间，扫描范围旋钮置于"外 X"挡。辉度调节旋钮最弱是为了当亮斑出现时不致过亮而烧坏荧光屏，后面可慢慢调节至较合适亮度。竖直位移和水平位移旋钮旋到中间，目的是为了使亮斑出现时能出现在屏幕上，而不会跑到屏幕外。亮斑出现以后，调节聚焦旋钮和辅助聚焦旋钮，使亮斑最圆最小。调节水平位移和竖直位移旋钮观察亮斑的上下和水平移动。

（2）观察亮斑移动（扫描）

把衰减调到"1"，扫描范围旋钮调到最低挡，扫描微调旋钮逆时针旋转到底，目的是使扫描频率最小。扫描一次的时间是亮点从左边运动到右边所用的时间，扫描频率则是一秒钟从左边到右边运动的次数。要看到图像是一个亮点运动，必须使频率变小。当看到亮斑运动后，调节扫描微调旋钮，可看到亮斑运动得更快，最后变成了一条亮线。

（3）观察竖直偏转直流电压对亮斑位移的影响

当观察亮斑完成后，可在输入端接上"Y输入"和"地"，移动滑动变阻器的滑片，使输入直流电压增大，亮斑偏离位移将增大。

（4）观察正弦或余弦波形

若外加的是正弦交变信号电压，当扫描频率是交变信号电压频率的整数倍时，可在屏上看到正弦图形。

正弦波形成：亮斑从左到右运动的时间（即扫描电压周期）若刚好等于交变信号电压的周期，则在屏上出现一个完整正弦波形，若扫描电压周期是交变信号电压周期的两倍，则出现两个完整波形。

（5）注意竖直位移旋钮和 Y 增益旋钮、水平位移旋钮和 X 增益旋钮之间的区别。

竖直位移旋钮调节图像上下运动，Y 增益旋钮调节竖直方向的幅度。水平位移旋钮调节水平扫描中心位置，X 增益旋钮调节水平扫描幅度。

（6）注意衰减和 Y 增益之间的关系

"衰减"是大幅度调节信号电压从而调节图像的竖直幅度（即振幅），"1"挡是不衰减，"10、100、1000"挡是指其信号电压分别衰减为原来的" $\frac{1}{10}$ 、 $\frac{1}{100}$ 、 $\frac{1}{1000}$ "，即图像的振幅也分别衰减为原来" $\frac{1}{10}$ 、 $\frac{1}{100}$ 、 $\frac{1}{1000}$ "。而"Y 增益"是在较小范围内调节振幅。

（7）注意扫描范围旋钮和扫描微调旋钮配合调节扫描频率

如要调到频率为 900Hz，则先把扫描范围旋钮打在 1K Hz 处，再调节扫描微调旋钮使频率在 1000Hz 左右的小范围内变动，最后可调到 900Hz。

【应用1】如图3.3-2（a）所示为一信号源。

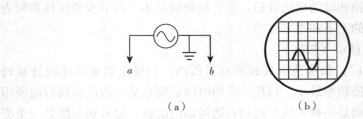

（a）　　　　　　（b）

图3.3-2

（1）若要观察此信号源发出的正弦交流信号的波形，应将信号源的 a 端与示波器面板上的_____接线柱相连，b 端与_____接线柱相连。

（2）若示波器所显示的输入波形如图3.3-2（b）所示，要将波形上移，应调节面板上的_____旋钮，要使此波形横向展宽，应调节_____旋钮，要使屏幕上显示3个完整的波形，应调节_____旋钮。

答案：（1）Y、地。（2）↑↓调节旋钮、x增益、扫描范围和扫描微调旋钮。

【应用2】某学生用示波器观察按正弦规律变化的电压图像时，他将衰减旋钮置于"～"挡，将旋钮置于第一挡（10～100Hz），把同步极性选择开关置于"＋"位置，调节扫描微调旋钮，在屏幕上出现了如图3.3-3（a）所示的正弦曲线，后来他又进行了两步调节，使图像变成如图3.3-3（b）所示的曲线，这两步调节可能是（　　　）

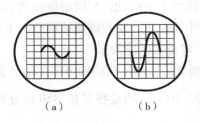

（a）　　　　（b）

图3.3-3

A. 将衰减调节旋钮换挡并调节标有"↑↓"的竖直位移旋钮

B. 将衰减调节旋钮换挡并调节 Y 增益旋钮

C. 调节扫描范围旋钮和调节 Y 增益旋钮

D. 将同步极性选择开关置于"－"位置并调节 Y 增益旋钮

答案：D

【应用3】某同学在用示波器观察一个从 Y 输入的正弦波信号时出现如图3.3-4所示的波形，为了在示波器上得到一个比较理想的波形，他应进行哪些调节？

图 3.3 - 4

解析：

① 调节"扫描微调"使其形成一个正弦波。

② 分别调节"竖直位移"和"水平位移"使得波形位于屏幕正中。

③ 调节"X 增益"使波形拉宽。

④ 调节"Y 增益"使得波形大小适中。

【应用4】在观察荧光屏的亮斑在竖直方向的偏离时，如果把 Y 增益旋钮顺时针转到底，衰减旋钮处在"1"的位置，给示波器输入 0.1V 的直流电压时，发现亮斑正好偏离 2 格，如果给示波器输入另一直流电压，当衰减旋钮处在"100"挡时，荧光屏上的亮斑也恰好偏离 2 格，则这一直流电压的值是（　　）

A. 1mV   B. 0.01V

C. 10V   D. 100V

答案：C

【应用5】某学生在练习使用示波器实验时，将衰减旋钮拨至"〜"挡，将扫描旋钮拨至 10～100Hz 挡，然后再调节扫描微调旋钮，当示波器屏幕上出现两个完整的正弦波形，扫描频率为（　　）

A. 10Hz   B. 25Hz

C. 50Hz   D. 100Hz

答案：B

3.4　滑动变阻器的使用

1. 滑动变阻器的基本结构、原理及接线

如图 3.4 – 1 （a） 所示为滑动变阻器的实物图及接线位置，图 3.4 – 1 （b） 为滑动变阻器的电路图，其接线只能是 "一上一下" 或 "一上两下" 即 （一个上接线柱和一个下接线柱或一个上接线柱和两个下接线柱） 两种方式，其原理是通过移动滑片改变接入电路的电阻丝长度从而改变接入电路的电阻。

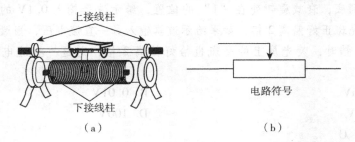

图 3.4 – 1

2. 滑动变阻器两种接法电路及特性对比

表 3.4 – 1

	限流式电路	分压式电路
基本电路	R_x　R　U	R_x　P　A　R　B　U
电路连接	变阻器串联在负载 R_x 所在电路中（变阻器接线一上一下，或一上两下，但此时一上和其中一下是连接在一起被短路的）	变阻器一部分 AP 和负载 R_x 并联后再与另一部分 PB 串联（变阻器在电路中接线是一上两下）
工作原理	通过改变滑动变阻器的阻值从而改变整个电路的总阻值进而控制负载 R_x 的电流大小	调节负载 R_x 两端的电压，R_x 两端电压等于 AP 部分分得的电压

	限流式电路	分压式电路
电压调节范围	$\dfrac{R_x U}{R_x + R} \sim U$	$0 \sim U$
优缺点	电压调节范围较窄但能耗较小	（1）电压调节范围较大且可从零开始调节 （2）可小控大，即可用小电阻控制大电阻
R 要求	R 与 R_x 接近	R 与 R_x 接近或 $R \leqslant R_x$

规律：在分压电路中，当滑片 P 在滑动变阻器 AB 中点时，电路中 PA 支路的电流最小。

2. 两种接法的显著优点

（1）限流式接法节能简单。

（2）分压式接法一是电压调节范围大，二是可小控大（即用小阻值变阻器控制大电阻）。

3. 两种接法的适用条件

（1）限流式接法适合测量阻值较小的电阻（跟滑动变阻器的最大电阻相比差不多或比滑动变阻器的最大电阻还小）。

（2）分压式接法适合测量阻值较大的电阻（一般比滑动变阻器的最大电阻要大）。

4. 分压、限流接法选取原则

一般情况下（满足安全要求），由于限流电路能耗较小，因此优先考虑限流接法，除非有特殊要求情况下才选分压接法，特殊要求总结如下：

① 要求负载上电压或电流变化范围大，且从零开始连续可调，或要求测多组数据时采用分压式接法。

② 滑动变阻器最大阻值 R 远小于待测电阻 R_x，必须用分压式接法，此时若采用限流接法对电路基本起不到调节作用。

③ 采用限流电路时，电路中的最小电流（电压）仍超过电表的量程或超过用电器的额定电流（电压）时，应采用变阻器的分压接法。

说明：分压接法中，滑动变阻器的最大阻值 R 一般小于负载电阻 R_x，而且一般选用最大阻值较小的滑动变阻器，这样便于调节，但也要注意其允许通过的额定电流。

【例】有一个电阻 R_x，其阻值大约是 10Ω，有一同学为了较精确地测量其阻值，他已选好了恰当的电流表（量程为 $500\mathrm{mA}$、内阻 2Ω）、电压表（量程为 $5\mathrm{V}$、内阻 $10\mathrm{k}\Omega$）以及电源（电动势 $4.5\mathrm{V}$、内阻不计），现有两个滑动变阻器他不知道选谁，请你帮他做出决定并指出恰当的连接方式。可供选择的滑动变阻器是：

R_1：最大阻值 20Ω、额定电流 $1.5A$ 的滑动变阻器。

R_2：最大阻值 500Ω、额定电流 $0.5A$ 的滑动变阻器。

解析：由于 R_1 与 R_x 很接近，我们选用变阻器 R_1，题目中又无其他条件限制，因此限流式和分压式均可。

下面再考察一下安全性。若采用限流方式连接，电路中的最大电流为 $I_m = \dfrac{E}{R_x} = 0.45A$，没有超过滑动变阻器 R_1 的额定电流和电流表量程。

3.5　伏安法测电阻电流表内外接法对比

1. 电路对比及误差分析

表 3.5 - 1

	电流表内接法	电流表外接法
基本电路		
电路连接	电流表接在电压表内部	电流表接在电压表外部
误差分析	内大（内接法测量值大于真实值）	外小（外接法测量值小于真实值）
	待测电阻的实验测量值为 $R_{测} = U/I$（U 为电压表测得的电压，I 为电流表测得的电流）	
	在内接法中，电流表测量的是通过待测电阻的电流 I，但电压表测量的是 R_x、R_A 两端的总电压，由于电流表 R_A 的分压而使得电压表的示数比电阻 R_x 两端的电压要大，所以 R_x 的测量值比真实值偏大，或者说内接法测的是 R_x 与 R_A 串联后的总阻值，因此比 R_x 偏大。	在外接法中，电压表测得的是待测电阻 R_x 两端的电压 U，但电流表测得的是 R_x、R_v 两支路的总电流 I，由于电压表 R_v 的分流而使得电流表的示数比实际通过待测电阻 R_x 的电流要大，所以 R_x 的测量值比真实值偏小，或者说外接法测的是 R_x 与 R_v 并联后的总阻值，因而测量值偏小。
适用范围	测大电阻	测小电阻

2. 内外接法的选取原则

（1）当 $R_x \gg R_A$（100 倍）时，选内接法（R_A 分压很小，对电压表的读数影响很小）。

当 $R_x \ll R_v$（100 倍）时，选外接法（R_v 分流很小，对电流表的读数影响很小）。

选用口诀："大内小外"。

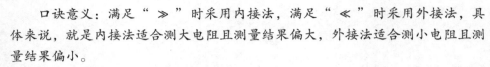

口诀意义：满足"≫"时采用内接法，满足"≪"时采用外接法，具体来说，就是内接法适合测大电阻且测量结果偏大，外接法适合测小电阻且测量结果偏小。

注意：比较时，R_x一定放在前边比较。

（2）当 $\dfrac{R_x}{R_A} > \dfrac{R_V}{R_x}$ 时，内接法。当 $\dfrac{R_x}{R_A} < \dfrac{R_V}{R_x}$ 时，外接法。

选用口诀："大内小外"。

口诀意义：满足"＞"时采用内接法，满足"＜"时采用外接法。

注意：比较时，$\dfrac{R_x}{R_A}$ 一定要放在前边。

（3）试触法：分别用内外两种接法时，看两表读数的相对变化。

如图3.5 - 1所示，将电压表的左端接 a 点，而将右端第一次接 b 点（电流表外接法），第二次接 c 点（电流表内接法），观察电流表和电压表示数的变化——这里所说的变化大，是指相对变化，即 $\dfrac{\Delta I}{I}$ 和 $\dfrac{\Delta U}{U}$ ，而不是指表的读数的绝对变化量 ΔI 、ΔU 。

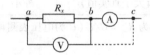

图 3.5 - 1

若电压表读数变化明显，采用外接法——电压表的读数变化明显是由于电流表分压引起的，电压表读数变化明显，说明电流表分得的电压较大，采用内接法时，电压表测得的电压值比 R_x 两端的实际电压值偏差较大，所以应采用外接法。

若电流表的示数变化明显，采用内接法——电流表的示数变化是由于电压表分流引起的，电流表示数变化明显，说明采用外接法时电压表分得的电流较大，电流表的测量值偏离通过 R_x 的实际电流较大，而应采用内接法。

【练习1】如图3.5 - 2所示，有一个未知电阻 R_x，用图（a）和（b）两种电路分别对它进行测量，用图（a）电路测量时，两表的示数分别为6.5V、5mA，用图（b）电路测量时，两表的示数分别为6.0V、5.5mA，则用＿＿＿＿图所示电路测该电阻的阻值误差较小，测量值 R_x = ＿＿＿＿＿，测量值比真实值偏＿＿＿＿（填"大"或"小"）。

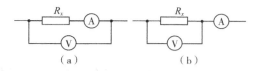

图 3.5 - 2

答案：（a），1300Ω，大

【练习 2】 现要测定一待测电阻的阻值，器材规格如下：待测电阻 R_x（约 100Ω）。直流电流表 A（量程 0 ~ 10mA，内阻 50Ω）。直流电压表 V（量程 0 ~ 3V，内阻 5kΩ）。直流电源 E（输出电压 4V，内阻可不计）。滑动变阻器 R（阻值范围 0 ~ 15Ω，允许最大电流 1A）。电键一个，导线若干。根据器材的规格和实验要求，画出实验电路图。

解析：实验电路如图 3.5 - 3 所示：

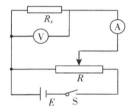

图 3.5 - 3

3.6 定值电阻的测量方法

1. 欧姆表测量

最直接测电阻的仪表。但是一般用欧姆表测量电阻只能进行粗测，只能为下一步的精确测量提供一个参考依据。用欧姆表可以测量白炽灯泡的冷电阻。

2. 替代法

替代法的测量思路是等效的思想，可以利用电流等效，也可以利用电压等效。

替代法测量电阻精度高，不需要计算，方法简单，但必须有可调的标准电阻（一般给定的仪器中要有电阻箱）。

用"伏安法"测电阻一般有电流表外接与电流表内接两种电路，因为电流表及电压表本身并非理想电表，这两种电路都存在误差。另一种情况是实验只提供一只电流表或电流表本身读数不准，这时我们可以考虑在保证电表读数不变的前提下，用一定值电阻（电阻箱）替换待测电阻，从而完成实验并提高测量准确性。

【例1】在某校开展的科技活动中，为了要测出一个未知电阻的阻值 R_x，现有如下器材：读数不准的电流表 A、定值电阻 R_0、电阻箱 R_1、滑动变阻器 R_2、单刀单掷开关 S_1、单刀双掷开关 S_2、电源和导线。

（1）画出实验电路图，并在图上标出你所选用器材的代码。

（2）写出主要的实验操作步骤。

解析：

（1）实验电路如图 3.6 - 1 所示：

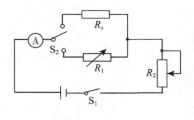

图 3.6 - 1

（2）实验步骤：

① 将 S_1 闭合，S_2 与 R_x 相接，记下电流表指针所指位置。

② 将 S_2 与 R_1 相接，保持 R_2 不变，调节 R_1 的阻值，使电流表的指针指在原位置上，记下 R_1 的值，则 $R_x = R_1$。

3. 伏安法

伏安法的测量依据是欧姆定律（包括部分电路欧姆定律和闭合电路欧姆定律），需要的基本测量仪器是电压表和电流表，当只有一个电表时，可以用标准电阻（电阻箱或一个定值电阻）代替。当电表的内阻已知时，根据欧姆定律 $I = \dfrac{U}{R}$，电压表同时可以当电流表使用，同样电流表也可以当电压表使用。

说明：用此方法测电阻时要注意电流表内外接法的选用要正确（详见本书伏安法测电阻内外接法的选取原则）。

4. 伏安法拓展

在某些问题中，因实验器材不具备（缺电流表或电压表），或因实验条件限制，或因实验精度不允许而不能用"伏安法"。这时我们就得依据问题的具体条件和要求重新选择实验原理，用"伏安法"的替代形式——"比较法"来设计实验方案。

（1）利用已知内阻的电压表。

【例2】现有以下器材：电源 E，具有一定内阻，电动势约为 9.0V。电压表 V_1，量程为 1.5V，内阻 $r_1 = 750\Omega$。电压表 V_2，量程为 5V，内阻 $r_2 = 2500\Omega$。滑动变阻器 R，最大阻值约为 100Ω。单刀单掷开关 K，导线若干。现需测量一待测电阻 R_x 的阻值（900～1000Ω），测量中要求电压表的读数不小于其量程的 $\dfrac{1}{3}$，试画出测量电阻 R_x 的一种电路原理图。

解析：电路原理如图 3.6 - 2 所示（两种方法均可）。

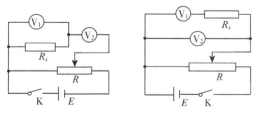

图 3.6 - 2

（2）利用已知内阻的电流表：利用"安安"法测定值电阻的阻值。

【例3】用以下器材测量一待测电阻的阻值。器材（代号）与规格如下：电流表 A_1（量程 250mA，内阻 r_1 为 5Ω）。标准电流表 A_2（量程 300mA，内阻

r_2 约为 5Ω）。待测电阻 R_1（阻值约为 100Ω）。滑动变阻器 R_2（最大阻值 10Ω）。电源 E（电动势约为 10V，内阻 r 约为 1Ω）。单刀单掷开关 S，导线若干。

① 要求方法简捷，并能测多组数据，画出实验电路原理图，并标明每个器材的代号。

② 实验中，需要直接测量的物理量是 _____，用测量的量表示待测电阻 R_1 的阻值的计算公式是 $R_1 =$ _____。

解析：

① 实验电路图如图 3.6 – 3 所示。

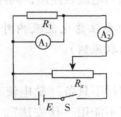

图 3.6 – 3

② 两电流表 A_1、A_2 的读数为 I_1、I_2 和电流表 A_1 的内阻为 r_1，待测电阻 R_1 的阻值的计算公式是 $R_1 = \dfrac{I_1}{I_2 - I_1} r_1$。

3.7 电表内阻的测量方法

3.7.1 替代法

1. 用替代法测电流表的内阻

原理：如图 3.7 – 1 所示，分别闭合 S_1 或 S_2 时电流表 A 有相同的读数，则电阻箱的阻值即为 A_1 的内阻。

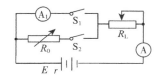

图 3.7 – 1

基本步骤：

（1）将 S_1 闭合，S_2 断开，调节 R_L，使被测电流表 A_1 指示某一示数，并记下读数 I_0。

（2）保持 R_L 滑片位置不变，将 S_1 断开，S_2 闭合，调节电阻箱 R_0 的阻值，使电流表 A 的示数仍为 I_0，并记下电阻箱的读数 R_1，则 $R_A = R_1$。

【例1】 如果各个电表的规格如下：A_1（$500\mu A$，$R_g \approx 200\Omega$）。A（标准电流表 $1mA$，$R_A = 100\ \Omega$）。滑动变阻器 R_L：$0 \sim 20\Omega$，$1A$。电阻箱 R_0：$0 \sim$ $999.9\ \Omega$，电源 E：$3V$，内阻忽略。R_3 为定值电阻。利用上述器材设计实验测出电流表 A_1 的内阻。

① 画出实验电路图。

② 写出实验步骤。

解析：① 画出实验电路图，如图 3.7 – 2 所示：

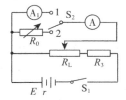

图 3.7 – 2

② 写出实验步骤（略）。

拓展：为了保证实验过程中无论怎样调节变阻器的滑动端，都不会烧毁电流表，则 R_3 的阻值至少为多少？

2. 用替代法测电压表的内阻

原理：如图 3.7－3 所示（请说明原理及步骤）。

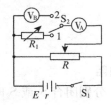

图 3.7－3

问题：在此实验中能否将标准电压表 V_A 换成电流表进行测定？并说明理由。

3.7.2 半偏法

1. "半偏法"测量电流表的内阻

"半偏法"测量原理是利用电流表的满偏电流与半偏电流之间的关系，求出电阻值，测量的电路主要有以下三两种形式：

（1）第一种形式（最为常见）。

电路如图 3.7－4 所示：

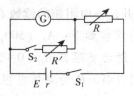

图 3.7－4

实验步骤：

① 先将 R 调到最大值，闭合 S_1，断开 S_2，调节 R 使电流表 G 满偏。

② 保持 R 不变，闭合 S_2，调节 R'，使电流表 G 半偏（指针指到满刻度的一半）。

③ 若 $R \gg R'$，则有 $R_g \approx R'$，此时电阻箱 R' 的读数即为电流表的内阻 R_g。

实验原理：电流表满偏即读数为 I_g 后使 R 值不变，闭合 S_2 将 R' 并入后，由于 $R \gg R'$，所以可忽略并联后电路总阻值的变化，即认为在电阻箱调节过程中干路的电流不变，电流表半偏，即两并联支路均分电流，即 R_g 和 R' 相同。

误差分析：测量值小于真实值，在半偏法测电流表内阻电路中，当闭合 S_2 时，将引起总电阻减小，总电流增大，从而大于原电流表的满偏电流 I_g，而此时电流表半偏，所以流经 R' 的电流比流经电流表的电流大，故 R' 的电阻比电流表的电阻小，但我们就把 R' 的读数当成电流表的内阻，故测得的电流表的内阻偏小。但如果满足 $R \gg R'$ 的话，总电流的变化可以忽略。

注意：此处 R' 只能用电阻箱，而不能用滑动变阻器，其阻值只需比灵敏电流表的电阻大一点就可以了，R 一般使用滑动变阻器，其阻值要求较大，以减小因闭合 S_2 而引起总电流的变化，从而减小误差。

【练习】在把电流表改装成电压表的实验中，测定电流表的内阻时，备有如下器材：

A. 待测电流表（量程 2mA，内阻约几十欧）

B. 滑动变阻器（阻值范围 $0 \sim 50\Omega$，额定电流 1.5A）

C. 电阻箱（阻值范围 $0 \sim 999\Omega$）

D. 电阻箱（阻值范围 $0 \sim 9999\Omega$）

E. 电源（电动势 6V，有内阻）

F. 开关两个，导线若干

① 如果采用图 3.7－5 所示的电路测电流表的内阻，并且要得到较高的精确度，那么在以上备用器材中，R_1 应选用_____，R_2 应选用_____。（填器材前面的字母）

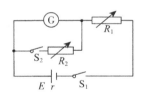

图 3.7－5

② 实验时要进行的步骤有：

A. 闭合开关 S_1

B. 闭合开关 S_2

C. 将 R_1 的阻值调至最大

D. 调节 R_1 的阻值，使电流表指针偏转到满刻度

E. 调节 R_2 的阻值，使电流表指针偏转到满刻度的一半

F. 记下 R_2 的阻值

G. 按电路图连接好电路

以上步骤的合理顺序是_____。

③ 若步骤 F 中记录的 R_2 阻值为 90Ω，则被测电流表的内阻 R_g 的测量值为

_____Ω。

④ 电流表内阻的测量值与其真实值的大小关系：$R_测$_____$R_真$。（填
"＞" "＝" 或 "＜"）

答案：① D，C　② GCADBEF　③ 90　④ ＜

（2）第二种形式

电路如图 3.7－6 所示：

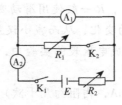

图 3.7－6

这是标准的恒流半偏法，即整个测量过程保持回路电流 I 不变，以消除 R_1
并联后对回路电流的影响。

实验步骤：

① 按图接线，K_2 断开，K_1 合上，调节 R_2，使 A_1 指示满刻度，记录此时
A_2 读数为 I。

② 合上 K_2，合理调节 R_1、R_2，使 A_1 指针在满刻度一半的位置，A_2 的读数
保持为 I 不变。

③ 由于回路电流 I 恒定，而 A_1 支路电流半偏转为 $\frac{1}{2}I$，则 R_1 支路电流也

为 $\frac{1}{2}I$，故电流表 A_1 内阻 $R_g = R_1$。

（3）第三种形式

电路如图 3.7－7 所示：

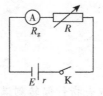

图 3.7－7

① 闭合开关，调节电阻箱为 R_1 值，使电流表指针满偏（指示在满刻度
为 I_g）。

② 再调节电阻箱为 R_2 值，使电流表指针半偏，此时电流表示数 $I = \frac{1}{2}I_g$。

③ 由 $I_g(R_g + R_1 + r) = \dfrac{1}{2} I_g (R_g + R_2 + r)$,

得，$R_g = R_2 - 2R_1 - r$。

当电源内阻很小时，可认为 $R_g = R_2 - 2R_1$。

2. 用"半偏法"测电压表的内阻

（1）电路如图 3.7 – 8 所示，先将 R 的滑片调到最左端，闭合 S_1 和 S_2，调节 R 使电压表满偏。

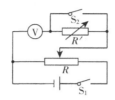

图 3.7 – 8

（2）然后保证 R 不变，断开 S_2，调节 R' 使电压表半偏（指到满刻度的一半），此时电阻箱 R' 的读数即为电压表的内阻，即 $R' = R_V$。

注意：此处 R' 只能用电阻箱，而不能用滑动变阻器，其阻值只需比电压表的电阻大一点就可以了，R 一般使用滑动变阻器，其阻值要求较小，以减小因闭合 S_2 而引起总电压的变化，从而减小误差。

（3）误差分析：电压表内阻测量值大于真实值

在半偏法测电压表内阻电路中，在断开 S_2 时，会引起总电阻增大，滑动变阻器并联部分两端分得电压将超过原电压表的满偏电压。调节 R' 使电压表半偏时，R' 上的电压将比电压表半偏电压大，故 R' 的电阻比电压表的内阻大，所以测得电压表内阻偏大。

实验精度要求：滑动变阻器左边分得的电压（即加在待测电路两端电压）不变，而在实验中不可能做到这一点，所以减小此实验误差的方法：$R_V \gg R$。

注意：也可以用下面的电路（如图 3.7 – 9 所示）来进行半偏法测电压表的内阻。

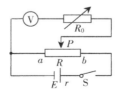

图 3.7 – 9

请同学们自行叙述操作过程。

误差：测量值大于真实值。

此实验要求 Pa 之间电压不变，减小实验误差的方法 $R_V \gg R$。

3. 用"半偏法"测欧姆表内阻

原理及步骤：欧姆表内部电路如图 3.7 - 10 所示：

图 3.7 - 10

（1）使用前首先进行机械调零。

（2）然后选择欧姆挡位，再进行欧姆调零，即将红黑表笔短接，调节调零电阻 R_0，使指针指在欧姆表零刻度处，即电流表 G 的满刻度值 I_g。

则有 $I_g = \dfrac{E}{R_g + R_0 + r}$。 ①

（3）将待测电阻 R_x 接入红黑表笔间。

调整 R_x 的阻值，当表头 G 半偏（指在中间位置，电流为 $\frac{1}{2}I_g$），此时表盘上指示的电阻值：$R_x = R_g + R_0 + r = R_内$（欧姆表内阻）。

因为此时有 $\dfrac{1}{2}I_g = \dfrac{E}{R_g + R_0 + r + R_x}$。 ②

由①②式得 $R_x = R_g + R_0 + r = R_内$。

即欧姆表指针半偏时所测量的待测电阻的阻值等于欧姆表的内阻。

3.7.3 互测法

原理：利用电表自报电压或电流的功能，或是利用内阻已知的电表。

（1）测电压表内阻。

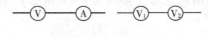

图 3.7 - 11

（2）测电流表内阻。

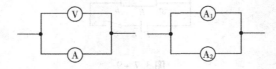

图 3.7 - 12

问题：请问上面这四个图中，那些图是利用内阻已知的电表的？具体是已知哪个电表内阻？

【例2】　请你根据下述器材设计一个测定电压表内阻的电路图，并说明设计的理由。

A. 待测电压表（0～3V）　　　　　B. 电流表（0～1mA）

C. 滑动变阻器（0～50Ω）　　　　D. 电源（1.5V 的干电池 2 节）

E. 电键　　　　　　　　　　　　F. 导线

解析：电路如图 3.7－13 所示，请自己说明实验步骤及原理。

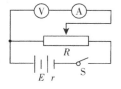

图 3.7－13

【例3】　为了测量两个电压表 V_A、V_B 的内电阻，可以提供的仪器有：

电压表 V_A：量程 5V，内电阻约 3000Ω。

电压表 V_B：量程 3V，内电阻约 2500Ω。

电流表 A：量程 3A，内阻 2.5Ω。

电阻箱 R_1：阻值范围 0～9999.9Ω。

电阻箱 R_2：阻值范围 0～99.9Ω。

滑动变阻器 R_3：阻值 0～50Ω，额定电流 1.5A。

滑动变阻器 R_4：阻值 0～10Ω，额定电流 1A。

电池组：电动势 12V，内阻约 0.5Ω。

单刀开关 2 个，导线若干。

（1）在设计电路时，能否选用电流表 A，请简要说明理由＿＿＿＿＿＿＿＿。

（2）选用的器材有＿＿＿＿＿＿＿＿＿＿＿＿＿＿＿＿＿＿＿＿＿。

（3）为了测量两个电压表的内电阻，请设计一个测量电路，画出电路图。

（4）说明实验原理和需要测量的物理量，并列出计算两个电压表内电阻的计算式。

解析：

（1）电流表 A 不能选用，电流表量程太大，测量不准确。

（2）电阻箱 R_1，滑动变阻器 R_3，电池组和开关 2 个，导线若干。

（3）电路如图 3.7－14 所示：

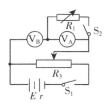

图 3.7－14

（4）开关 S_2 断开时，电压表 V_A 和 V_B 串联，其读数之比等于内电阻之比，

即 $\dfrac{U_A}{U_B} = \dfrac{R_A}{R_B}$（设 V_A 和 V_B 的电阻分别为 R_A 和 R_B，开关 S_2 闭合时，电压表 V_A 光

和电阻箱电阻 R_1 并联，再与 V_B 串联，其读数之比为 $\dfrac{U_A'}{U_B'} = \dfrac{\dfrac{R_A R_1}{R_A + R_1}}{R_B}$。

由以上两式可解得，$R_B = \dfrac{U_A U_B' - U_B U_A'}{U_A U_A'} \cdot R_1$，$R_A = \dfrac{U_A U_B' - U_B U_A'}{U_B U_B'} \cdot R_1$

【例4】从下表中选出适当的实验器材，设计一电路来测量电流表 A_1 的内
阻 r_1。要求方法简捷，有尽可能高的测量精度，并能测得多组数据。实验器材
和规格如下：电流表 A_1：量程 100mA，内阻 r_1 待测（约40Ω）。电流表 A_2：
量程 500μA，内阻 $r_2 = 750Ω$。电压表 V：量程 10V，内阻 $r_3 = 10kΩ$。电阻 R_1：
阻值约100Ω，用作保护电阻。变阻器 R_2 总阻值约 50Ω。电池 E：电动势
1.5V，内阻很小。开关（K）。导线若干。

（1）画出电路图，标明利用的器材的代号。

（2）若选测量数据中的一组来计算 r_1，则所用的
表达式 $r_1 = $ _____，式中各符号的意义是 _____。

答案：

（1）电路如图 3.7 – 15 所示

（2）$r_1 = \dfrac{I_2 r_2}{I_1}$，$I_1, I_2, r_1, r_2$ 分别表示通过电流表

A_1，A_2 的电流和其内阻

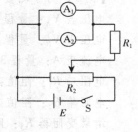

图 3.7 – 15

3.7.4 其他方法

1. 利用"伏伏"法测电压表的内阻

"伏伏"法是利用两块电压表（伏特表）测量电阻的一种方法，这一方法
的创新思维是运用电压表测电流（或算电流），此方法适用于电流表不能用或
没有电流表等情形。设计电路时不仅要考虑电压表的量程，还要考虑滑动变阻
器分压与限流的连接方式。

【例5】为了测量量程为 3V 的电压表的内阻（内阻约2000Ω），实验室可
以提供的器材有：电流表 A_1，量程为 0.6A，内阻约为 0.1Ω。电压表 V_2，量
程为 5V，内阻约为 3500Ω。电阻箱 R_1 的阻值范围为 0～9999Ω。电阻箱 R_2 的
阻值范围为 0～99.9Ω。滑动变阻器 R_3 的最大阻值约为 100Ω，额定电流为
1.5A。电源 E，电动势 6V，内阻约 0.5 Ω。单刀单掷开关 S，导线若干。

（1）请从上述器材中选择必要的器材，设计一个测量电压表 V 的内阻的

实验电路，并画出电路原理图（图中的元件要用题中相应的英文字母标注），要求测量尽量准确。

（2）写出计算电压表 V 的内阻 R_V 的计算公式为 $R_V = $ _____。

答案：

（1）实验电路如图 3.7 - 16 所示：

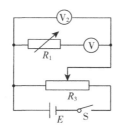

图 3.7 - 16

（2）$R_V = \dfrac{UR_1}{U_2 - U}$

2. "加 R" 法测电流表的内阻

【例 6】某电流表的内阻在 $0.1\Omega \sim 0.2\Omega$ 之间，现要测量其内阻，选用的器材如下：

待测电流表 A（量程 $0.6A$），电压表 V（量程 $3V$，内阻约 $2k\Omega$），滑动变阻器 R_1（最大阻值 10Ω），定值电阻 R_2（阻值 5Ω），电源 E（电动势 $4V$），开关 S 及导线若干。

（1）画出实验电路图。

（2）若测得电压表的读数为 U，电流表的读数为 I，则电流表 A 的内阻的表达式为 $R_A = $ _____。

答案：（1）设计电路图如图 3.7 - 17 所示：

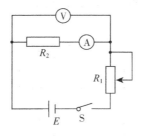

图 3.7 - 17

（2）$R_A = \dfrac{U}{I} - R_2$

3.8 电表的改装与校对

3.8.1 电压表的改装

1. 电流表改装成电压表

改装要求：把满偏电流 I_g，满偏电压 U_g 的表头改装成一个量程为 U 的大量程电压表。

改装方法：需要串联一个分压电阻 R_x（如图 3.8 – 1 所示）。

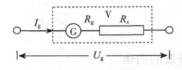

图 3.8 – 1

改装量程：通过表头的电流为满偏电流 I_g 时，加在改装表两端的总电压为其改装后的量程，即 $U = I_g(R_g + R_x)$

量程扩大倍数：$n = \dfrac{U}{U_g}$（即 $U = nU_g$）

串联分压电阻：$R_x = \dfrac{U}{I_g} - R_g = (n-1)R_g$

改装表内阻：$R_内 = R_g + R_x = n \cdot R_g$

量程与内阻的关系：改装后的电压表量程越大，其内阻越大，需串联的分压电阻越大，或者说电压表的内阻越大，其量程越大。

2. 改装电压表的校对

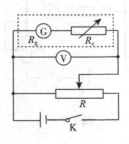

图 3.8 – 2

（1）标准电压表 V 与改装后的待校对电压表并联。

248

（2）由于要对改装后的电压表每个刻度（每个电压值）都校对，变阻器选用分压接法。

3.8.2 电流表的改装

1. 小量程电流表改装成大量程电流表

改装要求：把满偏电流为 I_g 的小量程电流表改装成一个量程为 I 的大量程电流表。

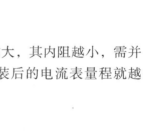

改装方法：需要并联一个分流电阻 R_x（如图 3.8－3 所示）。

改装量程：通过表头的电流为满偏电流 I_g 时通过改装表的总电流为其改装后的量程，即

图 3.8－3

$$I = I_g + I_x，且 I_g R_g = I_x R_x = (I - I_g)R_x$$

量程扩大倍数：$n = \dfrac{I}{I_g}$

并联分流电阻：$R_x = \dfrac{I_g R_g}{I - I_g} = \dfrac{R_g}{n - 1}$

改装表内阻：$R_内 = \dfrac{R_g \cdot R_x}{R_g + R_x} = \dfrac{R_g}{n}$

改装量程与其内阻的关系：改装后的电流表量程越大，其内阻越小，需并联的分流电阻越小，或者说并联的分流电阻越小，改装后的电流表量程就越大，或者说电流表的内阻越小，其量程反而越大。

2. 改装电流表的校对

（1）标准电流表 A 与改装后的待校对电流表串联。

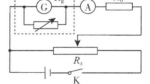

（2）由于要对改装后的电流表每个刻度（每个电流值）都校对，滑动变阻器应选用分压接法。

（3）改装后的电流表内阻较小，两端允许加的电压很小，所以通常要给待测支路串联一个分压电阻 R_0。

图 3.8－4

3.9　测电源电动势和内阻

3.9.1　滑动变阻器，电流表，电压表法

1. 电流表内接法（相对于外电路，常用方法）

（1）实验原理

电路如图 3.9－1 所示，由电压表测电源的路端电压 U，电流表测电源的电流 I。

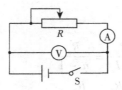

图 3.9－1

① 公式法

根据闭合电路欧姆定律得，$E = U + Ir$，测出两组 U、I 数据，代入上式便可解得 E 和 r。

说明：这种方法在原理上很简单，但误差太大，为了减小误差，要多次测量取平均值。若仍用此方法，计算太烦琐，所以一般不采用这种计算方法，而常常采用图解法。

② 图解法

对于一定的电源来说，电动势 E 及内阻 r 均是恒定不变的，忽略电表内阻引起的误差，根据闭合电路殴姆定律可知 $U = E - Ir$，所以 U 与 I 的关系成线性一次函数，由实验测出多组 U、I 值并作出电源的 U－I 图线，由图像的函数关系式 $U = E - Ir$ 可知：

图像在纵轴（U 轴）上的截距为电源电动势 E 的测量值。

图线的斜率的绝对值为电源内阻的测量值，即 $r = |k| = \dfrac{\Delta U}{\Delta I}$。

（2）系统误差

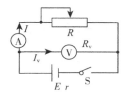

图 3.9 - 2

在内接法的实验数据处理中，通常忽略了电表内阻对测量值的影响，但由于电压表的内阻不是无穷大，所以电流表的读数 I 与流过电源中的电流不相等（如图 3.9 - 2 所示），所以测量结果肯定存在系统误差。考虑电表内阻后，由实验电路可知实际的电压表示数 U 与电流表示数 I 的关系并不是 $U = E - Ir$，而应为 $U = E - (I + I_V)r = E - (I + \dfrac{U}{R_V})r$，

所以有 $U = \dfrac{R_V}{R_V + r} \cdot E - \dfrac{R_V \cdot r}{R_V + r} \cdot I$。

因此由图像纵轴截距测得的电源电动势为 $E_{测} = \dfrac{R_V}{R_V + r}E < E$（真实值）。

即当外电路断开即 $I = 0$ 时，有 $U = E - (0 + I_V)r = E - \dfrac{U}{R_V} \cdot r$，

此时路端电压 $U = \dfrac{R_V}{R_V + r}E = E_{测}$，

所以说内接法测得的电动势也等于外电路断路时电压表测得的电源两极间的电压。

由图线斜率求得的电源内阻为 $r_{测} = |k| = \dfrac{R_V r}{R_V + r} < r$（真实值），电源内阻的测量值相当于电压表与电源内阻的并联值。

小结：

测电源电动势和内阻实验中，用电流表内接法测得的电源电动势为外电路断开时电压表测得的电源两极的电压值，即电压表所分得的电源路端电压，所以测量值比真实值偏小。而电源内阻的测量值为电压表与电源内阻的并联值，测量值也比真实值偏小。

结论：电流表内接法测得的电源电动势与内阻值都偏小。

适用条件：电压表内阻远远大于电源内阻，即 $R_V \gg r$。

2. 电流表外接法

电流表外接法，即相对于外电阻，电流表外接，而相对于电源为电流表内接，电路如图 3.9 - 3 所示：

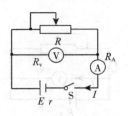

图 3.9 - 3

误差分析：$E_{测} = E$，$r_{测} > r$。

由电压表及电流表测出多组 U、I 值并作出电源的 $U - I$ 图线，并分别由图像的截距和斜率求出电源的电动势和内阻的测量值。由于电流表的内阻并不是非常小，有分压作用，所以电压表的读数 U 并不等于电源的路端电压，而是小于电源的路端电压，所以上述测量方法中同样存在系统误差。实际的电压表示数 U 和电流表示数 I 的关系并不是满足 $U = E - Ir$，而应该为

$$U = E - I(R_A + r)。$$

所以从 $U - I$ 图像的截距求得的电源电动势测量值为 $E_{测} = E$（真实值）。

由 $U - I$ 图像斜率求得的电源内阻测量值为 $r_{测} = |k| = R_A + r > r$（真实值）。

结论：测电源电动势和内阻实验中，电流表外接法测得的电源电动势是真实值，测得的内阻为电流表内阻与电源内阻的串联值。

适用条件：

① 电流表内阻已知的情况，即 $r = |k| - R_A$。

② 电源内阻远远大于电流表内阻，即 $r \gg R_A$。

说明：电源内阻一般都很小，所以一般情况下都是电压表内阻远远大于电源内阻（即 $R_V \gg r$），而很难出现电源内阻远远大于电流表内阻（即 $r \gg R_A$）的情况，所以通常都采用电流表内接法测电源的电动势和内阻。

【练习1】我们都有过这样的体验：手电筒里的两节干电池用久了以后，灯泡发红光，这就是我们常说的"电池没电了"。有人为了"节约"，在手电筒里装一节新电池和一节旧电池搭配使用。某同学为了检验此人的做法是否合理，设计了下面的实验，如图 3.9 - 4 所示：

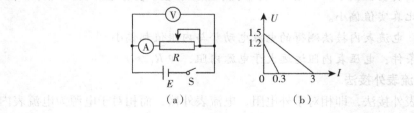

图 3.9 - 4

① 该同学设计了如图（a）所示的电路来分别测量新旧干电池的电动势和内阻，并将测量结果描绘成如图（b）所示的 $U-I$ 图像。由图像可知：

新电池：电动势 $E_1 =$ _____ V，内阻 $r_1 =$ _____ Ω。

旧电池：电动势 $E_2 =$ _____ V，内阻 $r_2 =$ _____ Ω。

② 计算新旧电池各一节串联作电源使用时的效率（手电筒的小灯泡上标有"3V，2W"）。

③ 计算②小题中旧电池提供的电功率和它本身消耗的电功率。

④ 你认为新旧电池搭配使用的做法是否合理，简述理由。

答案：①1.5，0.5，1.2，4　②50%　③0.36W，0.36W

④ 不合理，旧电池没有给外电路提供电功率。

3.9.2　电流表、电阻箱法

1. 测量电路

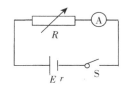

图 3.9 − 5

2. 测量原理

方式 I：

若不考虑电流表的内阻，则根据闭合电路欧姆定律有 $E = IR + Ir$。

所以测出多组 I、R 值，每两组 I、R 值代入 $E = IR + Ir$，即可求出一组电源的电动势 E 和内阻 r，最后再分别求 E 和 r 的平均值，或用图像法处理数据也可得到结果，如用 $\dfrac{1}{I} - R$ 图像求解。

方式 II：

由 $U = IR$ 可计算出电阻箱两端电压，这相当于在电阻箱两端并联了一个电压表，这样便与**电流表外接法**测电源电动势和内阻的方法是完全相同的。因此，根据测量出的多组 I、R 值并通过计算后便可得到多组 U、I 数据并作出电源的 $U-I$ 图线，则

纵轴（U 轴）的截距为测得的电源电动势 $E_{测}$。

图像斜率的绝对值为测得的电源内阻，即 $r_{测} = |k| = \dfrac{\Delta U}{\Delta I}$。

误差：$E_{测} = E$，$r_{测} > r$。

若考虑电流表的内阻，有 $U = E - I(R_A + r)$。

则 $E_测 = E$，$r_测 = R_A + r > r$。

3. 适用条件

$R_A \ll r$（电流表内阻远小于电源内阻）。

3.9.3 电压表、电阻箱法

1. 测量电路

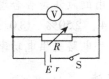

图 3.9 - 6

2. 测量原理

方式 I：

若不考虑电压表的分流，则根据闭合电路欧姆定律有

$U = E - Ir$，且 $I = \dfrac{U}{R}$，

所以 $U = E - \dfrac{U}{R} r$，

所以测出多组 U、R 值，每两组 U、R 值代入 $U = E - \dfrac{U}{R} r$ 即可求出一组电源的电动势 E 和内阻 r，最后再分别求 E 和 r 的平均值，或用图像法处理数据也可得到结果，如用 $\dfrac{1}{U} - R$ 图像求解。

方式 II：

由 $I = \dfrac{U}{R}$ 可计算出通过电阻箱的电流，这相当于给电阻箱支路串联了一个电流表测量其电流，这样便与**电流表内接法**测电源电动势和内阻的方法是完全相同的。因此，根据测量出的多组 U、R 值并通过计算后便可得到多组 U、I 数据并作出电源的 $U - I$ 图线，则

纵轴（U 轴）的截距为测得的电源电动势 $E_测$。

图像斜率的绝对值为测得的电源内阻，即 $r_测 = |k| = \dfrac{\Delta U}{\Delta I}$。

误差：$E_测 < E$，$r_测 < r$。

若考虑电压表的内阻，有 $U = \dfrac{R_V}{R_V + r} \cdot E - \dfrac{R_V \cdot r}{R_V + r} \cdot I$，

所以 U 轴的截距: $E_测 = \dfrac{R_V}{R_V + r}E < E$。

由图像的斜率求得内阻: $r_测 = |k| = \dfrac{R_V r}{R_V + r} < r$。

3. 适用条件: $R_V \gg r$

【练习 2】 要求测量由 2 节干电池串联而成的电池组的电动势 E 与内电阻 r（约几欧），提供下列器材: 电压表 V_1（量程 3V，内阻 1kΩ），电压表 V_2（量程 15V，内阻 2kΩ），电阻箱（0～9999Ω），电键，导线若干。

某同学用量程为 15V 的电压表连接成如图 3.9–7 所示的电路。

实验步骤如下:

（1）合上电键 S，将电阻箱 R 阻值调到 $R_1 = 10Ω$，测得电压表的示数为 U_1。

（2）将电阻箱 R 阻值调到 $R_2 = 20Ω$，测得电压表的示数 U_2，由方程 $U_1 = E - \dfrac{U_1}{R_1}r$，$U_2 = E - \dfrac{U_2}{R_2}r$，解出 E 和 r。

为了减小实验误差，上述实验在选择器材和实验步骤中应做哪些改进?

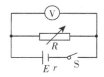

图 3.9–7

3.9.4　综合方法

1. 电源串上定值电阻以减小实验误差

由于电源内阻一般都很小，所以当外电阻改变时，电源路端电压变化很小，如果能给电源串上一定值电阻，并看作电源内阻的一部分，这样当外电阻变化时，电源的路端电压变化将更明显，可以提高实验的精确度，从而减小实验误差。

【例】 测量电源的电动势 E 及内阻 r（E 约为 4.5V，r 约为 1.5Ω）。器材: 量程 3V 的理想电压表 V，量程 0.5A 的电流表 A（具有一定内阻），固定电阻 $R = 4Ω$，滑动变阻器 R'，电键 K，导线若干。

① 画出实验电路原理图。图中各元件需用题目中给出的符号或字母标出。

② 实验中，当电流表读数为 I_1 时，电压表读数为 U_1。当电流表读数为 I_2 时，电压表读数为 U_2，则可以求出 $E =$ _____，$r =$ _____。（用 I_1，I_2，U_1，U_2 及 R 表示）

答案：

① 电路如图 3.9 - 8 所示：

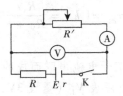

图 3.9 - 8

② $E = \dfrac{I_2 U_1 - I_1 U_2}{I_2 - I_1}$，$r = \dfrac{U_1 - U_2}{I_2 - I_1} - R$。

2. 利用闭合电路找出各物理量之间的关系，并能灵活转换函数找出纵坐标与横坐标的函数关系式，由图像的截距和斜率求解相应的物理量。

【例】甲同学设计了如图 3.9 - 9 所示的电路测电源电动势 E 及电阻 R_1 和 R_2 的阻值。实验器材有：待测电源 E（不计内阻），待测电阻 R_1，待测电阻 R_2，电压表 V（量程为 1.5V，内阻很大），电阻箱 R（0 - 999.9Ω），单刀单掷开关 S_1，单刀双掷开关 S_2，导线若干。

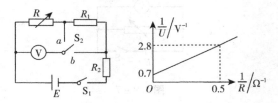

图 3.9 - 9

① 先测电阻 R_1 的阻值。请将甲同学的操作补充完整：闭合 S_1，将 S_2 切换到 a，调节电阻箱，读出其示数 r 和对应的电压表示数 U_1，保持电阻箱示数不变，_____，读出电压表的示数 U_2，则电阻 R_1 的表达式为 $R_1 =$ _____。

② 甲同学已经测得电阻 $R_1 = 4.8Ω$，继续测电源电动势 E 和电阻 R_2 的阻值。该同学的做法是：闭合 S_1，将 S_2 切换到 a，多次调节电阻箱，读出多组电阻箱示数 R 和对应的电压表示数 U，由测得的数据，绘出了如图所示的 $\dfrac{1}{U} -$ $\dfrac{1}{R}$ 图线，则电源电动势 $E =$ _____ V，电阻 $R_2 =$ _____ Ω。

③ 利用甲同学设计的电路和测得的电阻 R_1，乙同学测电源电动势 E 和电阻 R_2 的阻值的做法是：闭合 S_1，将 S_2 切换到 b，多次调节电阻箱，读出多组电阻箱示数 R 和对应的电压表示数 U，由测得的数据，绘出了相应的 $\dfrac{1}{U} - \dfrac{1}{R + R_1}$

图线，根据图线得到电源电动势 E 和电阻 R_2。这种做法与甲同学的做法比较，由于电压表测得的数据范围_____（选填"较大""较小"或"相同"），所以_____同学的做法更恰当些。

答案：

① 将 S_2 切换到 b，$\dfrac{U_2 - U_1}{U_2} r$

② 1.43 或 $\dfrac{10}{7}$，1.2

③ 较小，甲

3.10 设计实验的一般步骤

3.10.1 选择电学仪器和实验电路

在电学实验中，不论是用伏安法测电阻，还是测量电源的电动势和内电阻，或是测某一用电器的 $U-I$ 图线，都存在如何选择电学实验器材，如何选择测量电路和控制电路的问题。合理地选择实验器材和实验电路，可以使实验顺利进行，而且能使实验操作方便，实验误差较小。正确地选择仪器和电路的问题，有一定的灵活性。解决时应掌握和遵循一些基本的原则，即对"安全性"和"精确性""方便性"和"误差小""仪器少"和"耗电少"等各方面要综合考虑，灵活运用。

1. 实验仪器和量程选择

根据教学大纲及高考考核的要求，选择电学实验仪器主要是选择电表、滑动变阻器、电源等器件。

（1）电路实验器材和量程的选取原则

① 电路工作的安全性，即不会出现电表和其他实验器材因过载毁坏现象。

② 能否满足实验要求（常常要考虑便于多次测量求平均值）。

③ 仪器的量程选取要使测量值误差更小。

（2）选择器材的一般思路

首先确定实验条件，然后按电源—电压表—电流表—变阻器顺序依次选择。

① 电源的选择

在不超过待测器材所允许的最大电压值的情况下，选择电动势较大的电源（以获得更多的测量数据）。在电动势相同的情况下，通常选择内电阻较小的电源（以获得较稳定的路端电压）。

② 电压表和电流表的量程选择

根据不使电表受损和尽量减小误差的原则选择电表。首先保证流过电流表的电流和加在电压表上的电压均不超过其使用量程，然后合理选择量程。务必使指针有较大偏转（一般取满偏值的 $\frac{2}{3}$ 左右），以减小测量和读数的误差。具体要求如下：

第一，如果题目中给出被测用电器的额定功率（即间接给出被测用电器的额定电压和额定电流），这种情况要从保护被测用电器的角度出发，用电流表或电压表的示数来监控被测用电器中的电流或其两端的电压。

第二，如果题目中没有给出被测用电器的额定功率，则要从保护电流表和电压表的角度出发，要求测量的电流或电压的最大值不能超过电流表或电压表的量程。

第三，在不超过电表量程的条件下，量程越接近测量值越好（选择量程较小的电表，以便测量时示数能在满刻度的 $\frac{2}{3}$ 左右）。

2. 实验电路（电流表内外接法）的选择

（具体选哪种接法，参见前面《电流表内外接法的选取》所述）。

3. 控制电路的选择（即滑动变阻器在电路中接入方法）

具体是限流还是分压，可参照《滑动变阻器的使用》《限流分压接法的选取》所述）。

【例】有一电阻 R，其阻值大约在 40Ω 至 50Ω 之间，需进一步测定其阻值，现有下列器材：

电池组 E，电动势为 9V，内阻忽略不计。

电压表 V，量程为 $0 \sim 10$V，内阻 20kΩ。

电流表 A_1，量程为 $0 \sim 50$mA，内阻约 20Ω。

电流表 A_2，量程为 $0 \sim 300$mA，内阻约 4Ω。

滑动变阻器 R_1，阻值范围为 $0 \sim 100\Omega$，额定电流 1A。

滑动变阻器 R_2，阻值范围为 $0 \sim 1700\Omega$，额定电流 0.3A，开关 S 及导线若干。

实验电路图如图 3.10 - 1 所示，实验中要求多测几组电流和电压值。在实验中应选电流表 _____ 和滑动变阻器 _____。

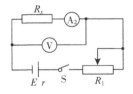

图 3.10 - 1

解析：首先估算电路中可能达到的最大电流值，若选电流表 A_1，则 $I_m \approx$

$$\frac{E}{R_x + R_{A_1}} \approx 0.14 \text{ A}$$，超过了 A_1 的量程。假设选电流表 A_2，则 $I'_m \approx \frac{E}{R_x + R_{A_2}} \approx$

0.18A，未超出 A_2 的量程，故应选电流表 A_2，这一选择遵循了安全性原则。

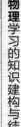
对滑动变阻器的选择。假设选择 R_1，电路中的最小电流约为 $I_{\min} \approx \dfrac{E}{R_x + R_{A_2} + R_1} \approx 0.06A$，故电路中的电流强度范围为 $0.06A \sim 0.18A$。又假设选择 R_2，电路中的最小电流约为 $I'_{\min} \approx \dfrac{E}{R_x + R_{A_2} + R_2} \approx 0.005A$。故电路中的电流强度范围为 $0.005A \sim 0.18A$，因为电流表 A_2 的量程为 0.3A，电流强度为 0.06A 时，仅为电流表 A_2 量程的 $\dfrac{1}{5}$，如果移动滑动变阻器阻值再增大，其电流表的示数将更小，读数误差会更大，因此对于 R_2 而言，有效的调节长度太小，将导致电流强度值随滑动片位置的变化太敏感，从而调节不方便，故应选滑动变阻器 R_1。这一选择遵循了方便性原则。

答案：A_2，R_1

3.10.2 电路实验练习

【练习1】 要比较准确地测量一个电阻 R_x，阻值在 $50 \sim 60\Omega$ 之间，实验室提供的器材如下：电池组 $E = 12V$，$r = 0.5\Omega$。电压表 V（$0 \sim 10V$）。电流表 A_1（$0 \sim 50mA$，$R_{A_1} = 20\Omega$）。电流表 A_2（$0 \sim 300mA$，$R_{A_2} = 0.01\Omega$）。滑动变阻器 R_1（$0 \sim 100\Omega$，1A）。滑动变阻器 R_2（$0 \sim 1700\Omega$，0.3A）。导线和电键。

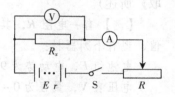

图 3.10-2

画出实验电路并标出所用仪器的字母。

解析：电路如图 3.10-2 所示：

【练习2】 用伏安法测量某电阻阻值，现有实验器材如下：

待测电阻 R_x（阻值大约为 5Ω，额定功率为 1W）。电流表 A_1（量程 $0 \sim 6A$，内阻 0.2Ω）。电流表 A_2（量程 $0 \sim 3A$，内阻 0.05Ω）。电压表 V_1（量程 $0 \sim 3V$，内阻 $3k\Omega$）。电压表 V_2（量程 $0 \sim 15V$，内阻 $15k\Omega$）。滑动变阻器 R_0（$0 \sim 50\Omega$）。蓄电池（电动势为6V）。开关和导线。

为了较准确地测量 R_x 阻值，并保证器材的安全以及操作方便，电流表应选择_____，电压表应选择_____，并画出实验电路图。

答案：A_1，V_1

电路如图 3.10-3 所示。

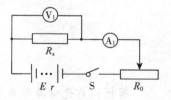

图 3.10-3